Sascha Mamczak

Die Zukunft

Eine Einführung

WILHELM HEYNE VERLAG
MÜNCHEN

Ich danke Stefanie Brösigke, John Clute, Ulrich Genzler, Reinhard Kapfer, Kristof Kurz, Sebastian Pirling, Karlheinz Steinmüller und Martina Vogl für ihre Unterstützung bei diesem Projekt.

Verlagsgruppe Random House FSC® N001967
Das für dieses Buch verwendete
FSC®-zertifizierte Papier *Holmen Book Cream*
liefert Holmen Paper, Hallstavik, Schweden.

www.diezukunft.de

Inhalt

But names are like dreams we disappear into
where all things seem to fit into the frame
of their narrative. It is names we journey through:
they're landscapes of what ever happens and goes
on happening as we progress, neither old nor new.

George Szirtes: *Meeting Austerlitz*

Worum es geht

Üblicherweise folgen Einführungen in Lehrgebiete einem bestimmten Muster: Die historische Entwicklung des Fachs wird skizziert, die Hauptthematik diskutiert, der aktuelle Kenntnisstand referiert, die Literatur sortiert, und so weiter. Da man die Zukunft aber nicht lehren kann, weder im strengen noch in sonst irgendeinem Sinne, können wir die Sache etwas gelassener angehen (es gibt allerdings schon Leute, die die Zukunft »lehren«, aber glauben Sie mir: denen wollen Sie lieber nicht begegnen). Gelassenheit ist auch nötig, denn was immer die Zukunft ist oder nicht ist, auf jeden Fall ist sie eine unserer seltsameren Obsessionen: Natürlich wollen wir wissen, ob es in zehn Jahren noch den Euro gibt, ob in hundert Jahren der Krebs besiegt ist oder ob in tausend Jahren eine neue Eiszeit anbricht – aber wollen wir es wirklich *wissen*? Probieren Sie es aus: Angenommen, Sie erhalten die Möglichkeit, von irgendwoher absolut gesicherte Informationen über die Zukunft zu beziehen, wie viel davon trauen Sie sich zu, bis sich das zutiefst verstörende Gefühl einstellt, dass Sie für diese Art von Wissen gar nicht gemacht sind? Wollen Sie wirklich in einer Welt leben, in der es keine Variablen, keine Unkalkulierbarkeit, keine

Offenheit gibt? In einer Welt, in der alles, was geschieht, bereits geschehen ist? Vermutlich nicht. Mit dem Wissen über die Zukunft verhält es sich wie mit dem Wissen über Gott oder, sollten Sie Agnostiker sein, dem Wissen über das Bewusstsein: Ein Universum, das ein solches Wissen zur Verfügung stellt, wäre ein völlig anderes Universum als unseres, und wir würden darin eine völlig andere, sehr fremde Existenz führen. Was uns nicht davon abhält, so viel wie möglich über Gott oder das Bewusstsein wissen zu wollen. Oder eben über die Zukunft. Seltsam, nicht wahr?

Es gibt also ganz offensichtlich einen Unterschied zwischen Wissen und *Wissen*, und offensichtlich befinden sich diese beiden im Fall der Zukunft in einem dialektischen Verhältnis: Wir wollen nur deshalb so viel über die Zukunft wissen, weil uns klar ist, dass wir über die Zukunft letztlich nichts *wissen* können. Eine wie immer geartete Aufhebung dieser Zukunftsdialektik gibt es allerdings nicht, jedenfalls nicht für uns, nicht in der Welt, in der wir leben und sterben. In unserer Welt ist Zukunftswissen immer abstraktes Wissen – nicht nur, weil es sich auf etwas bezieht, was noch gar nicht geschehen ist und vielleicht nie geschehen wird, sondern weil jedes konkrete Wissen über die Zukunft diese Welt, wie wir sie kennen, zum Kollabieren bringen würde. Die eigentliche Frage lautet folglich: Wie abstrakt ist »abstrakt«? Oder anders ausgedrückt: Kann man dann überhaupt etwas Sinnvolles über die Zukunft sagen?

Darum geht es.

1 Wir Zukünftige

Alles, was existiert, hat eine Zukunft. Aber nicht alles, was existiert, macht sich Gedanken über die Zukunft. Unsere tierischen und pflanzlichen Mitbewohner auf dem Planeten machen sich derartige Gedanken nicht (zumindest haben wir sie bisher noch nicht dabei beobachtet), und sie erwecken nicht den Anschein, als würden sie das als dramatischen Mangel empfinden; sie akzeptieren einfach die Tatsache, dass sie zu einem bestimmten Zeitpunkt in einer bestimmten Gegenwart leben und zu einem anderen Zeitpunkt in einer anderen Gegenwart. Wir Menschen dagegen leben nicht nur in der Gegenwart; durch unser Erinnerungsvermögen leben wir auch in der Vergangenheit; vor allem aber leben wir in der Zukunft: Wir antizipieren und kalkulieren, projizieren und projektieren, modellieren und konsumieren die Zukunft, und es ist die herrschende Lehrmeinung, dass gerade diese Fähigkeit – die Fähigkeit, als Individuum, als Gesellschaft, als Spezies geistig in die Zukunft auszugreifen – einst der entscheidende evolutionäre Vorteil unseren planetaren Mitbewohnern gegenüber war: dass diese Fähigkeit unsere Kultur und Zivilisation überhaupt erst ermöglicht hat.

Dem geistigen Ausgreifen in die Zukunft ging an irgendeinem Punkt in der evolutionären Kette die Erkenntnis voraus, dass Vergangenheit, Gegenwart und Zukunft nicht nur voneinander unterscheidbare Existenzzustände sind, sondern dass sie sich auch auf ganz bestimmte Weise voneinander unterscheiden. Schließlich baut jede Art von Zukunftsantizipation auf der Voraussetzung auf, dass gewisse Parameter in der Gegenwart auch in der Zukunft gegeben sind, beziehungsweise in der Zukunft eine Veränderung durchlaufen werden, die wir vorausberechnen können. In vielen Fällen ist das tatsächlich so: Wir können den Lauf der Planeten, die Blüte der Pflanzen oder die Geburt eines Babys ziemlich genau vorausberechnen (natürlich immer unter der Ceteris-paribus-Annahme, dass sich an den Rahmenbedingungen sonst nichts ändert), und es ist ein verführerischer Gedanke, dass diese Myriaden weitergerechnete Einzelfälle zusammengenommen (inklusive der Myriaden Rahmenbedingungen) die vollständige Zukunft ergeben, dass Zukunftswissen also nichts anderes ist als vollkommenes Gegenwartswissen: Wenn man etwa vor einem Fußballspiel alles – wirklich *alles* – über die körperliche Verfassung der Spieler, die Laune des Schiedsrichters, den Zustand des Balls, die Beschaffenheit des Rasens, die Stärke und Richtung des Windes und so weiter weiß, dann könnte man den Ausgang des Spiels korrekt voraussagen. Das klingt reichlich skurril, aber genau davon waren die Deterministen an der Wende zum neunzehnten Jahrhundert überzeugt, wie man der berühmten Passage in Pierre Simon Laplace' *Théorie analytique des probabilités* entnehmen kann:

Gäbe es einen Augenblick lang eine Intelligenz, die fähig wäre, alle Kräfte zu erfassen, durch die die Natur belebt ist, und die jeweiligen Standorte der Lebewesen, aus denen sie besteht … nichts wäre ungewiss, und die Zukunft wie die Vergangenheit wären für diese Intelligenz deutlich erkennbar.

Es ist das auf die Spitze getriebene Newton'sche Weltbild: Wer alle natürlichen Gesetze und Kräfte kennt und über das vollständige Wissen sämtlicher Zustände aller Materieteilchen zu einem bestimmten Zeitpunkt verfügt, kann die Zukunft – den Zustand der Materieteilchen zu einem späteren Zeitpunkt – akkurat vorausberechnen. Da es dem Menschen aber leider nicht vergönnt ist, über eine solche Informationsfülle zu verfügen, blieb die entsprechende Situation eine Chimäre, ein Gedankenexperiment: der berühmte »Laplacesche Dämon«, der auf wundersame Weise eben all dieses Wissen besitzt.

Heute haben wir einen weitaus nüchterneren Blick auf die Möglichkeit, die Zukunft vorauszuberechnen (auch wenn man Laplace' Dämon in abgeschwächter Form immer mal wieder begegnet: aktuell nennt er sich »Big Data«). Nicht nur die extreme Komplexität der Interaktion zwischen Mensch und Natur und zwischen Mensch und Mensch – vulgo: das »bekannte Unbekannte« sowie das »unbekannte Unbekannte« (Donald Rumsfeld) – macht eine solche Quantifizierung fragwürdig, nach Gödel, Einstein, Heisenberg, Schrödinger und anderen wissen wir auch, dass sich etliche natürliche wie menschengemachte Vorgänge in der Welt, selbst wenn ihre wichtigsten Prinzipien und Mechanismen bekannt sind, prinzipiell der Quantifizierung entziehen, weil die Erklärung eines Phänomens eben *nicht* identisch mit seiner Voraussage ist. Die Prinzipien und Mechanismen zum Beispiel, die das Wetter bestimmen, sind weitgehend bekannt, und trotzdem lässt sich über eine gewisse Zeit hinaus keine Voraussage treffen, die sicherer wäre als die, die man raten würde. Ähnliches gilt für Erdbeben, Aktienkurse, Kriegsverläufe, Krankheitsausbrüche, Terroranschläge und vieles mehr – was wir in diesen, die Zukunft betreffenden Fällen haben, sind keine Sicherheiten, sondern Möglichkeiten. (Streng genommen ist *alles*, was die Zukunft betrifft, nur eine Möglichkeit – selbst, »dass die Sonne morgen aufgehen wird, ist eine Hypothese«, wie Wittgenstein schreibt –, aber wir haben eben im Laufe der Evolution ein eigentlich durch nichts begründetes Vertrauen in bestimmte Aspekte der Wirklichkeit entwickelt, ohne das wir morgens gar nicht aus dem Bett kommen würden.) Zukunftswissen ist also immer probabilistisches Wissen: Es könnte sein, dass … Es besteht eine x-prozentige Wahrscheinlichkeit, dass … Mit ziemlicher, aber nicht hundertprozentiger Sicherheit wird … Die Zukunft ist nach heutigem Kenntnisstand wenn schon nicht berechenbar, dann doch schätzbar.

Das ist ja schon mal etwas. Jedenfalls ist es mehr, als wenn wir es mit einem völlig beliebigen, ausschließlich vom Zufall abhängigen Wissen zu tun hätten. Und es reicht offensichtlich aus, um eine ganze Industrie am Leben zu erhalten, all die Politologen, Soziologen und Astrologen, all die Dichter und Denker, die munter über das Eintreten beziehungsweise Nicht-Eintreten zukünftiger Ereignisse spekulieren: Was wird in fünfzig, hundert, fünfhundert Jahren geschehen? In was für einer Welt werden wir dann leben und wie können wir uns ein Bild von dieser Welt machen? Welche Parameter verändern wir, welche Rahmenbedingungen behalten wir bei? Und gerade weil sich bei diesem munteren Spekulieren praktisch nie ein wie auch immer gearteter Konsens ergibt, gehört es zu unseren Lieblingsbeschäftigungen: Unzählige Romane, Sachbücher, Studien, Zeitungsartikel, Fernsehprogramme, Internetblogs beschäftigen sich in der einen oder anderen Weise mit der Zukunft, und wenn man etwas mit ziemlicher (allerdings nicht hundertprozentiger) Sicherheit über die Zukunft sagen kann, dann dass wir auch in der Zukunft ausgiebig über die Zukunft spekulieren werden.

Natürlich hat es bei all der Zukunftsspekuliererei immer wieder erstaunliche Treffer gegeben: Schilderungen zukünftiger Ereignisse, sei es auf wissenschaftlicher, politischer oder gesellschaftlicher Ebene, die tatsächlich zur Gegenwart wurden. (Mein persönlicher Favorit ist ein amerikanischer Text aus dem Jahre 1883, der nicht nur elektrische Automobile beschreibt, die lautlos über glatte Betonstraßen gleiten, sondern auch ein Detail hinzufügt, das es in den USA erst seit Ende der 1940er-Jahre gibt: die Linie in der Straßenmitte.) Aber hat Jules Verne, um ein ganz bekanntes Beispiel zu nehmen, wirklich »die Zukunft« vorausgesehen, als er in *Von der Erde zum Mond* seine Weltraumexpedition in Florida starten ließ, wie es ihm dann etwa hundert Jahre später die NASA nachmachte? Ganz sicher war er ein guter Rechner in Sachen Umlaufbahnen und Rendezvouspunkte, doch die Vorstellung, wir würden die Rakete mit einer Kanone zum Mond schießen und trügen dabei einen Bratenrock, hatte leider gar nichts mit der Zukunft zu tun. Wie hoch also die Trefferquote auch sein mag, es wäre müßig, eine Liste vergangener Vorhersagen aufzustellen und sie nach dem Grad ihres Eintreffens zu bewerten, so wie es müßig wäre, gegenwärtige Vorhersagen aufzulisten und sie mit Wahrscheinlichkeitswerten zu versehen, denn die Wirklichkeit neigt nicht nur dazu, unsere Vorhersagen zu unterlaufen, tendenziell sagen all diese Zukunftsspekulationen auch weitaus mehr über die Gegenwart aus, in der sie entstanden sind, als über die Zukunft, die tatsächlich auf diese Gegenwart folgte. Denn so wie eine Gegenwart sich selbst versteht, versteht sie in einem nicht geringen Ausmaß auch ihre Zukunft. Schon auf rein soziokultureller Ebene ist es ein nur schwer zu vermittelndes Konzept, dass die Zukunft womöglich ganz anders sein wird als die Gegenwart: Als im Jahre 410 Rom von den »Barbaren« erobert wurde, waren die Römer der festen Überzeugung, dass damit die Geschichte *an sich* zu einem Ende gekommen sei; als 1989 der Kapitalismus über seinen östlichen Widerpart triumphierte, glaubten nicht wenige Kapitalisten dasselbe; die Geschichte geht aber nicht nur weiter, sie überrascht uns auch regelmäßig. Außerdem basiert jede Zukunftsspekulation zwangsweise auf gegenwärtigem Wissen; zukünftiges Wissen, etwa eine Entdeckung oder eine Erfindung, die dem menschlichen Verständnis von der Welt und seiner Rolle darin eine völlig neue Richtung gibt, kann offensichtlich nicht Grundlage der Zukunftsschau sein – zu den nie wirklich lösbaren Problemen der Zukunft gehört also die nicht gerade unwichtige Frage, wie wir in Zukunft denken und fühlen werden, ja wer »wir« in Zukunft eigentlich sein werden.

Andererseits ist die Zukunft nie *völlig anders* als die Gegenwart, immerhin baut sie auf gegenwärtigen Voraussetzungen auf: auch zukünftiges Wissen basiert auf der Weiterführung oder eben der Widerlegung von gegenwärtigem Wissen. So schwer es einem Menschen etwa aus der Bronzezeit auch fiele, sich in der heutigen Welt, also seiner Zukunft, zu orientieren, er würde in uns immer noch seinesgleichen erkennen: Menschen, die schlafen und essen, träumen und glauben, lieben und töten, sich fortpflanzen und sterben. Und selbst wenn in unserer Zukunft aus dem Menschen ein Wesen würde, das nicht mehr schläft, träumt, glaubt, liebt, tötet und so weiter, dann würde es sich aus dem entwickeln, was es jetzt ist. Die Zukunft ist offen, das steht fest, aber sie befindet sich nicht im luftleeren Raum; so abwegig eine Zukunftsvision auch sein mag, wenn sie sich aus dem, was ist, ableitet, liegt ihr zwingend die Möglichkeit zugrunde, dass es tatsächlich so kommen könnte. Oder so ähnlich. Oder ganz anders. Oder …

Aber bevor man Gefahr läuft, sich im spekulativen Unterholz zu verirren, sollte man eine wichtige Unterscheidung treffen: die zwischen »zukünftigen Ereignissen« und »Zukunft«.

Über »zukünftige Ereignisse« – große oder kleine, nahe oder ferne – können wir uns in der Gegenwart ausgiebig Gedanken machen und dabei zu bestimmten Überzeugungen kommen. Zum Beispiel ist es meine Überzeugung, dass die heutigen Kinder, wenn sie erwachsen sind, einen Text dieser Länge und Intention, wie Sie ihn gerade lesen, nicht mehr in gedruckter Form werden erwerben können; dass die Kinder der heutigen Kinder zwischen ihrem natürlichen

Körper und ihrem technisch erweiterten Körper nicht mehr so genau unterscheiden werden wie wir; und dass unsere Nachfahren in zweihundert Jahren über die Art und Weise, wie wir heute unseren »Wohlstand« erarbeiten, verwundert den Kopf schütteln werden. Aber es besteht natürlich die nicht geringe Wahrscheinlichkeit, dass alles ganz anders kommt: dass das E-Book ein Nischenprodukt bleiben oder wieder ganz verschwinden wird; dass große Teile der Gesellschaft jegliche Form von physischem »Enhancement« ablehnen werden; und dass wir uns einfach weiter durch den Planeten pflügen werden, bis irgendwann nichts mehr da ist, was man durchpflügen kann. Es könnte sein oder auch nicht – jedenfalls hat es sich einfach noch nicht ereignet.

Die »Zukunft« dagegen *ist* bereits Teil der Gegenwart, und zwar ein äußerst wichtiger Teil: Die Zukunft ist eine der mächtigsten Kräfte, denen wir unterworfen sind; sie formt und prägt unser Leben auf unterschiedlichste Weise.

Da ist einmal die singuläre Zukunft: meine Zukunft, Ihre Zukunft, die Zukunft jedes einzelnen Menschen auf dem Planeten. Wir wissen nicht, wie viel von dieser Zukunft wir haben – vielleicht achtzig oder neunzig Jahre (wer heute in einem westlichen Industrieland mit Hightech-Medizin geboren wird, hat durchaus Chancen, die hundert zu erreichen) –, und wir können diese Zukunft nur bedingt planen (auch hier spielen Geburtsort und gesellschaftliche Umstände eine nicht unwesentliche Rolle). Aber eines wissen wir genau: Diese Zukunft wird Minute für Minute, Tag für Tag, Jahr für Jahr weniger; wir *verbrauchen* diese Zukunft und richten unser Leben danach aus: Was will ich in der verbleibenden Zeit noch tun? Wie lange wird das dauern, was ich tun will? Reichen meine schwindenden Kräfte dazu aus? Mit dem Wissen, dass wir eine Zukunft haben, kam auch das Wissen, dass diese Zukunft begrenzt ist, dass die Zeit uns einholen wird, wer immer wir sind, wo immer wir sind, und dieses Wissen ist unser ständiger Begleiter.

Dann ist da die Zukunft als Kollektivsingular, der die unterschiedlichsten Zukünfte, über die wir uns Gedanken machen, in sich vereint: die Zukunft der Stadt, die Zukunft der Demokratie, die Zukunft der Mobilität, die Zukunft Europas, die Zukunft der Weltwirtschaft, die Zukunft der Mode – die Liste ließe sich endlos fortsetzen. Das alles beansprucht für sich eine Zukunft, aber nicht alles wird eine Zukunft haben, denn die Entscheidungen, die wir in der Gegenwart treffen, fördern die Zukunft des einen und beeinträchtigen die Zukunft des anderen: Mehr Zukunft etwa für den Verbrennungsmotor bedeutet weniger Zukunft für das grönländische Eis und andersherum. Im Hier und Jetzt treten also die einzelnen Zukünfte gegeneinander an, und welche Zukunft »gewinnt«, liegt nicht unbedingt am attraktivsten Zukunftsbild, das gemalt wird, sondern daran, wie viele Truppen (oder Geld) man hinter ihr versammelt. Dieses Spiel um die Zukunft nennen wir Politik; wenn Sie die Zeitung aufschlagen oder die Nachrichten anschalten, erfahren Sie regelmäßig den aktuellen Spielstand.

Und schließlich ist da noch die kollektive Zukunft – jener glückliche (oder grausame) Ort, an dem sich all unsere Hoffnungen (oder Ängste) auf wundersame Weise erfüllen, ein irgendwo vor uns in der Zeit liegender und doch merkwürdig aus der Zeit heraus gefallener Ort, den niemand schöner besungen hat als Alfred Tennyson in seinem Gedicht *Locksley Hall*:

> Here about the beach I wander'd, nourishing a youth
> sublime
> With the fairy tales of science, and the long result of
> Time;
> When the centuries behind me like a fruitful land
> reposed;
> When I clung to all the present for the promise that it
> closed:
> When I dipt into the future far as human eye could see;
> Saw the Vision of the world, and all the wonder that
> would be.

Das war 1842. Einige industrielle Revolutionen, zwei Weltkriege und Alvin Tofflers berühmten »Zukunftsschock« später haben wir vielleicht keinen ganz so pathetischen Blick mehr auf diese kollektive Zukunft. Aber sie ist immer noch da. Sie war eben noch »Das Jahr 2000«, das ich mir als Jugendlicher so wunderbar vorgestellt habe (und das sich dann einfach so ereignete – ohne fliegende Autos und Urlaubsreisen zum Mars). Sie ist die Zukunft auf Buchtiteln (*Mut zur Zukunft, Herausforderung Zukunft*), auf Wahlplakaten (»Grüne Zukunft«, »Zukunft aus Tradition«), in Werbekampagnen (»Stark machen für die Zukunft«, »Freuen Sie sich auf die Zukunft«). Als Präfix ist sie in die Sprache geradezu hineingewuchert: Wenn ein Land Investoren sucht, deklariert es sich als »Zukunftsstandort«, wenn ein Thema Aufmerksamkeit erzielen soll, ist es ein »Zukunftsthema«, wer in einer Auseinandersetzung einen Treffer landen will, wirft dem Gegner einfach »Zukunftsverweigerung« oder »Zukunftsfeindlichkeit« vor. Tatsächlich ist diese Zukunft überall: Wir führen »Zukunftsdialoge«, verleihen »Zukunftspreise« und setzen »Zukunftskommissionen« ein, es gibt einen »Weltzukunftsrat«, eine »Gesellschaft für Zukunftsfragen« und Dutzende von »Zukunftsinstituten« und »Zukunftsstiftungen«. Und ständig sind wir aufgefordert, uns mit ihr auseinanderzusetzen, sie zu »gestalten«, zu »ermöglichen«, zu »bewältigen«, zu »schaffen«, zu »wagen«, zu »meistern«, »in den Griff zu kriegen«, zu »gewinnen«; wehe dem, der nicht »zukunftsfähig«, »zukunftssicher« oder »zukunftsfest« ist.

Man muss kein Sprachwissenschaftler sein, um zu erkennen, dass das Wort »Zukunft« durch diesen inflationären Gebrauch im öffentlichen Diskurs jede begriffliche Trennschärfe verloren hat (kein rein deutsches Phänomen übrigens, in anderen Sprachen, die mir zugänglich sind, verhält es sich genauso). »Zukunft« geht immer, »Zukunft« nimmt jeder für sich in Anspruch: ob rechts oder links, etatistisch oder libertär, intellektuell oder durchgeknallt. Und trotzdem meinen die Bücher, Plakate und Werbeslogans, meinen *wir* nicht irgendeine Zukunft, wenn wir von der Zukunft reden – nicht die bloße Feststellung, dass nach der Gegenwart die Zukunft kommt, und auch nicht die Tatsache, dass sich in der Zukunft irgendetwas, ein Vulkanausbruch, ein Erdbeben, ein kosmischer Blitz, ereignen wird, was wir nicht beeinflussen können. Nein, wir meinen »unsere« Zukunft: einen sich morgen, übermorgen oder irgendwann realisierenden gesellschaftlichen Zustand, der sich von dem, in dem wir uns gerade befinden, unterscheidet, weil wir daran arbeiten, *dass* er sich davon unterscheidet. Es wird sich in der Zukunft also nicht nur etwas ereignen, das wir aufgefordert sind zu bewältigen, zu wagen, zu gewinnen und so weiter – wir sind aufgefordert, dieses Etwas zu erzeugen.

Die Zukunft, von der wir reden, ist ein normativer Ort. Die Zukunft, von der wir reden, ist unsere Erfindung.

2　Hier und Dort

So etwas wie Zukunft gibt es ja gar nicht. Oder sind Sie der Zukunft jemals begegnet? Haben Sie jemals mit der Zukunft gesprochen? Zugegeben, das sind keine besonders originellen Fragen, dem »Sinn des Lebens«, der »Natur« oder dem »Recht« ist ja auch noch niemand begegnet (obwohl es der eine oder andere behauptet), das alles gibt es nur, weil wir es glauben oder konstruieren oder setzen. Die Zukunft allerdings lässt sich noch nicht einmal glauben oder konstruieren oder setzen – die Zukunft ist immer *nicht*. Jeder Schritt, den wir »in die Zukunft« machen, verwandelt die Zukunft in Gegenwart und die Gegenwart in Vergangenheit. Die Zukunft ist von dem Ort aus, an dem wir uns befinden, immer nur ein Gedanke, eine Idee, eine Gesprächsgrundlage.

Das ist nicht wenig, aus Gedanken lässt sich eine Menge machen, Gedanken haben schon ganze Imperien errichtet und wieder zum Einsturz gebracht. Nur haben wir uns damit eben auch ein veritables epistemologisches Problem eingehandelt: Wie kann man etwas meistern, ermöglichen, in den Griff kriegen oder was sonst noch an Bewältigungsfantasien propagiert wird, das gar nicht *ist*?

Kurzer Einschub: In gewisser Weise stellt sich dieses Problem auch mit dem temporalen Pendant der Zukunft, der Vergangenheit. Immerhin kennen wir kein Speichermedium, in dem sich »Die Vergangenheit« befindet; unsere selbstgebauten Speichermedien ermöglichen nur winzige Ausschnitte und sind dem Verfall ausgesetzt, und selbst wenn es uns einmal gelänge, die Erinnerung an die Vergangenheit ewig lebendig zu halten, so wissen wir doch, dass Erinnerungen, auch kollektive, von Natur aus strittig und parteiisch sind. Außerdem definiert sich die Vergangenheit in nicht geringem Maß aus einer jeweils gegenwärtigen Perspektive: von Details wie den berühmten Hörnen auf den Wikingerhelmen (eine Interpretation Richard Wagners) bis zu ganzen Epochen wie dem Mittelalter (eine Interpretation der frühen Neuzeit). Sind Zukunft und Vergangenheit also in gleicher Weise »soziale Konstruktionen«? Diese Auffassung ist weit verbreitet, aber einen fundamentalen Unterschied kann sie doch nicht leugnen: Wir können den Wikingern so viele Hörner aufsetzen, wie wir wollen, oder die unterschiedlichsten historischen Strömungen brutal in einen fabrizierten Zeitabschnitt zusammenpferchen, es ändert nichts daran, dass all das irgendwann *war* und in seiner Einzigartigkeit nie wieder sein wird. Die Zukunft dagegen besitzt keine Einzigartigkeit und bietet insofern auch keine Interpretationsmöglichkeit – die Zukunft ist immer eine Interpretation *an sich*, sie kommt immer aus unserem Kopf.

Wir sehen: Die Zeit ist eine komplizierte Angelegenheit, egal ob wir sie naturwissenschaftlich (es gibt ein physikalisches »Früher« und ein physikalisches »Später«, und diese beiden Zustände unterscheiden sich irreversibel voneinander) oder geisteswissenschaftlich (es gibt eine erfahrene »Vergangenheit« und eine erwartete »Zukunft«, und je nach kultureller Perspektive können sie zyklisch oder linear zueinander angeordnet sein) betrachten. Aber für unsere Zwecke soll ein Witz genügen, den man sich in der Sowjetunion erzählte:

»Am Horizont ist schon der Kommunismus sichtbar«, erklärt Parteichef Chruschtschow in einer Rede. Zwischenfrage eines Zuhörers: »Genosse Chruschtschow, was ist das: Horizont?« – »Schlag doch mal im Lexikon nach«, antwortet Nikita Sergejewitsch. Zu Hause findet der Wissensdurstige in einem Nachschlagewerk folgende Erklärung: »Horizont, eine Scheinlinie, die sich entfernt, wenn man sich nähert.«

Abgesehen von der politischen Schlusspointe, die uns noch beschäftigen wird – immerhin ist die Sowjetunion nicht nur ein verschwundenes Land, sondern auch eine verschwundene Zukunft –, ist das Problem klar benannt: das Problem der Scheinlinie. Was wir auch mit der Zukunft vorhaben (und wir hatten und haben ganz offensichtlich jede Menge mit ihr vor), sie ist nie »hier«, sondern immer »dort«. Wir hingegen sind immer »hier«, wollen aber »dort« sein. Wie kann das gehen?

Schlagen wir, wie Chruschtschow vorschlägt, einfach mal im Lexikon nach. Dort (etwa im Grimm'schen Wörterbuch) finden wir, dass die Bedeutung von »Zukunft« zunächst gänzlich der Ableitung von »zukommen« entsprach. »Zukunft« war also ursprünglich ganz einfach das, was »auf uns zukommt«, eine feststehende, gleichsam ins Buch des Schicksals geschriebene Tatsache. Folglich war im deutschen Sprachraum das lateinische Äquivalent für »Zukunft« lange Zeit auch nicht »futurum« (das, was wird), sondern »adventus« (das, was naht); einen entsprechenden Vers im Matthäus-Evangelium »Quod signum adventus tui, et consummatione saeculi?« übersetzte Luther mit »Und welches wird das Zeichen sein deiner Zukunft und der Welt Ende?«. (In anderen Sprachen gibt es sogar bis heute noch zwei unterschiedlich konnotierte Begriffe für das Zukünftige: etwa »avenir« und »futur« im Französischen sowie »time to come« und »future« im Englischen.) Das Problem der Scheinlinie wurde erst virulent, als eine, wie Reinhart Koselleck es genannt hat, »Verzeitlichung der politisch-sozialen Sprache« stattfand, die den Zukunftsbegriff vom Passiven ins Aktive drehte: Die zukünftigen Ereignisse bewegen sich nun nicht mehr auf die Menschen zu (und die vergangenen Dinge von ihnen weg), sondern die Menschen *gehen* auf sie zu. Auf etwas zugehen kann man aber nur, wenn man eine ungefähre Vorstellung von diesem »Etwas« hat. Im Fall der Zukunft heißt das: wenn man sich dieses »Etwas« begrifflich, sprachlich aneignet. Denn erst wenn wir eine Bezeichnung für etwas haben, fällt es in jenen Teil des Universums, der von uns empfunden, begriffen, ja überhaupt erst beachtet wird, ganz unabhängig davon, ob diese Bezeichnung dem bezeichneten Objekt oder Subjekt gerecht wird. Zwar gibt es für die Zukunft keine spezifischen Begriffe – ein zukünftiger Baum ist erst einmal immer noch ein Baum, bis sich in einer späteren Gegenwart ein anderes Wort dafür findet –, aber dafür gibt es eine spezifische Grammatik, mit der wir uns die Zukunft aneignet haben: Wir haben gelernt, nicht nur »Es wird sein« zu denken und zu sagen, sondern auch »Es wird gewesen sein«.

»Es wird sein« impliziert: Die Zukunft ist eine Ansammlung von Ereignissen, die sich noch nicht ereignet haben, sich aber ereignen könnten, und wenn wir fest genug an eine bestimmte Methode glauben – etwa das Lesen in Tiereingeweiden, das Entschlüsseln von Sternenkonstellationen, das Deuten göttlicher Offenbarungen, das Algorithmisieren statistischer Daten –, können wir einen Blick auf das eine oder andere dieser künftigen Ereignisse werfen. Im Futur I ist die Zukunft eine mögliche Tatsache beziehungsweise eine tatsächliche Möglichkeit, ganz egal ob sie von Göttern, von kosmischen Koordinaten oder von Wahrscheinlichkeiten bestimmt wird. Das Futur II geht einen entscheidenden Schritt weiter: Wenn wir die Zukunft als vorweggenommene Vergangenheit denken, erklären wir sie zum festen Bestandteil dessen, was wir Geschichte nennen, erklären wir sie zu *unserer* Geschichte. »Es wird gewesen sein« impliziert: *Die* Zukunft (jetzt mit ausdrücklicher Betonung des bestimmten Artikels: die Zukunft als Ganzes) ist erzählbar, die Zukunft ist machbar.

Sprache ist nie neutral, sie markiert nicht nur die Ränder der intellektuellen und imaginativen Bühne, auf der das Menschheitsstück gespielt wird, sie stellt auch das intellektuelle und imaginative Werkzeug dafür zur Verfügung: Wenn wir über die Zukunft so reden können, als hätte sie sich bereits ereignet, dann strukturiert sich dieser Zeitraum, der zwar nie »ist«, aber immer irgendwann »war«, nach Maßgaben, von denen wir annehmen, dass sie bereits die

Gegenwart strukturieren. Wenn, wie Michel Serres einmal gesagt hat, »Erkennen für uns darin besteht, uns in eine Form zu bringen, die derjenigen, die wir erkennen, analog ist«, dann dreht sich dieser Prozess bei der geistigen Aneignung von Zeit auf spannende Weise um: Wir können die Zukunft erst erkennen, wenn wir sie in eine Form bringen, die derjenigen analog ist, die sie erkennen will.

Nur so können wir Alltagssätze wie »Wir blicken nach vorne in die Zukunft« oder »Wir gehen vorwärts in die Zukunft« als schlüssig empfinden, denn eigentlich sind sie metaphorisch widersinnig. Vor uns liegt ja üblicherweise das, was wir sehen können, hinter uns das, was wir nicht sehen können. Da wir die Zukunft aber nicht sehen können, jedenfalls nicht wie einen beleuchteten Weg, den wir entspannt hinunterschlendern, können wir »vorwärts in die Zukunft« nur gehen, wenn wir davon überzeugt sind, dass sie im Wesentlichen dem entspricht, was wir bereits jetzt sehen, wenn wir davon überzeugt sind, dass sie *uns* entspricht.

Diese Überzeugung ist nicht universell. Es gab und gibt menschliche Gemeinschaften, in deren Verständnis Zukunft etwas ist, das hinter einem liegt, weil man es eben *nicht* sehen kann; was vor einem liegt, ist offensichtlich die Vergangenheit, die man sehen kann, weil man sie erlebt hat. Diese Menschen *gehen* nicht in die Zukunft, sie *warten* auf die Zukunft. Es gab und gibt auch menschliche Gemeinschaften, in deren Sprachen das Futur II nicht gebildet werden kann – nicht weil es ihnen an Abstraktionsvermögen mangelt (man sollte ohnehin vorsichtig sein, aus dem Tempussystem einer bestimmten Sprache *direkt* auf das Zeitverständnis ihrer Sprecher zu schließen), sondern weil das

Konzept in ihrer Erfahrungswelt ganz einfach nicht benötigt wird: Für sie ist alles, worüber es sich eine Aussage zu treffen lohnt, im Zeitpunkt dieser Aussage verankert.

Anders in unserer Kultur (dem westostnordsüdlichem Wachstumsmodell, das den Planeten fest im Griff hat): Praktisch alles, worüber wir eine Aussage treffen, bezieht sich auf einen zukünftigen Zeitpunkt. Unser Gesellschaftssystem – ganz abgesehen von unserem Wirtschaftssystem, das an den Börsen im Sekundentakt »futures«, also noch gar nicht realisierte Gewinne, handelt und Dividenden auf Geld auszahlt, das noch gar nicht eingenommen wurde – funktioniert nur, weil weite Teile der Zukunft bereits verplant, eingepreist, vorweggenommen sind. Wir denken Gegenwart nie ohne Zukunft, wir sind immer in Bewegung, gehen, laufen, rennen immer auf etwas »zu«, als würde erst das Künftige unseren Handlungen in der Gegenwart Sinn verleihen.

Gehen, laufen, rennen: auch hier zeigt die Sprache, dass wir die Zeit zu Raum gemacht haben, dass auf unserer Reise von einem gegenwärtigen Hier zu einem zukünftigen Dort dieses Dort für uns bereits existiert; wir müssen nur entscheiden, welche Wegbeschreibungen, Landkarten oder Navigationsgeräte wir verwenden, um dieses Dort zu entdecken, zu erforschen, zu erobern. Aber sollte das Universum entgegen unserem aktuellen Kenntnisstand tatsächlich so gebaut sein, dass im gegenwärtigen Jetzt bereits ein künftiges Jetzt existiert, dann liegt es jedenfalls in einem von keiner Wegbeschreibung, keiner Landkarte, keinem Navigationsgerät einsehbaren Dunkel. Dunkel? Wie Emile Cioran schreibt, ist »selbst die Nacht nicht dunkel genug, um zu verhindern, dass wir uns in ihr wiedererkennen«. So lösen wir also das Problem der Scheinlinie: Die Zukunft ist ein Spiegel, in dem wir die Gegenwart in all ihren Umrissen, in all ihren Möglichkeiten erkennen, die wir uns zu einem bestimmten Zeitpunkt vorstellen können. Wo immer wir hingehen wollen – wir sind eigentlich schon da.

Als wären wir in einer Escher'schen Gedankenschleife gefangen, denken wir Gegenwart nie ohne Zukunft und Zukunft nie ohne Gegenwart. Wir gehen, laufen, rennen auf ein noch nicht existierendes Dort zu, auf den riesigen dunklen Raum »vor uns«, und stellen diesen Raum schon jetzt mit uns selbst voll: unseren Ängsten und unseren Sehnsüchten, unseren Wunschträumen und unseren Albträumen, unserem Genie und unserem Wahnsinn. »Es wird gewesen sein« hat uns aus der Welt der unmittelbaren Erfahrung dieser Ängste und Sehnsüchte in eine Welt katapultiert, in der es der Zukunft möglich ist, ein geschichtliches Eigenleben zu entwickeln. In der Gedankenschleife ist die Zukunft nämlich mehr als nur eine bestimmte Gegenwart, die sich in der Zeit spiegelt; sie ist die Idee von einer Gegenwart, die sich selbst erzeugen will.

Anders ausgedrückt: Wir haben die Zukunft zu einem politischen Projekt gemacht.

3   Zukunftsmoden

Keine Politik ohne Zukunft: Die politische Maschinerie könnte gar nicht funktionieren, wie sie funktioniert, würde sie nicht mit Wahlprogrammen (»Forward«), Absichtsbekundungen (»Agenda 2010«) oder Koalitionsverträgen (»Deutschlands Zukunft gestalten«) permanent suggerieren, dass man die Zukunft schon in den Griff kriegen wird. Aber auch keine Zukunft ohne Politik: All das, wofür und wogegen wir heute argumentieren und intrigieren, leidenschaftlich kämpfen und zuweilen auch sterben, erzeugt erst diesen Raum »vor uns« – weil sich eben dort all das realisieren oder nicht realisieren soll. Die Zukunft *ist* zwar nie, aber sie ist immer da: als Auftrag, als Menetekel, als Verheißung, als Schrecken. Und so sehr wir auch *die* Zukunft sprachlich, begrifflich erobert haben, politisch haben wir es immer mit *vielen* Zukünften zu tun.

Wer etwa (wie ich) in den 1970er- und 1980er-Jahren aufgewachsen ist, musste sich mit folgendem ziemlich niederschmetterndem Zukunftsbild herumschlagen:

Die sowjetischen Raketen … sind in der Lage, mit ihren Atomsprengköpfen ihre Ziele in wenigen Minuten zu erreichen … Laut der Behörde für Rüstungskontrolle und Abrüstung können die ersten Warnungen an die Bevölkerung frühestens fünfzehn Minuten nach Abschuss der Raketen erfolgen. Selbst wenn wir von der höchst optimistischen Voraussetzung ausgehen, dass nur etwa weitere fünfzehn Minuten verstreichen würden, bis eine größere Zahl von Menschen den Sirenenalarm wahrgenommen und sich in die Schutzbunker begeben hätte, würde ein Überraschungsangriff doch die große Mehrheit der Bevölkerung unvorbereitet und schutzlos treffen. Für die meisten Menschen würde es allerdings ohnehin keine Rolle spielen, ob sie noch Gelegenheit hätten, die Bunker aufzusuchen, da solche Schutzräume – vorausgesetzt, sie würden existieren – nutzlos wären.

Jonathan Schells damals vielgelesenes Buch *Das Schicksal der Erde*, aus dem diese Passage stammt, hielt uns, wie noch weitaus dramatischer der Film *The Day After*, eine Zukunft vor Augen, mit der wir nichts zu tun haben wollten, die aber immer eine Möglichkeit war (und, wie wir heute rückblickend wissen, eine gar nicht so unwahrscheinliche): ein Atomkrieg zwischen den ideologischen Blöcken, Millionen von Menschen, die in Sekunden zu Asche zerfallen, das elende Dahinsiechen der Strahlenverseuchten, die verwüsteten Städte und Landschaften, die Dunkelheit des nuklearen Winters. Diese Zukunft, die Zukunft der nuklearen Vernichtung wenn nicht der ganzen, so doch des größten Teils der Menschheit, ist, obwohl es immer noch reichlich Atomwaffen auf dem Planeten gibt, inzwischen völlig aus der Mode gekommen: Jonathan Schells Buch wird im Internet für sagenhafte 0,01 Euro angeboten. Genauso erging es unzähligen anderen Zukünften, so konkret sie auch ausfabuliert, so euphorisch sie auch herbeigesehnt, so menetekelhaft sie auch an die Wand gemalt wurden – die Zukunft ist nie das, was sie einmal war. Aber die jeweilige Gegenwart hat nicht nur ihren ganz spezifischen Blick auf die Zukunft, sie *deduziert* die Zukunft auch auf ihre ganz spezifische Weise. So lesen wir etwa in dem 1954 erschienenen Sachbuch *Wie werden wir leben?*, dass es sich unbedingt lohnt, »ein vertrauteres Verhältnis zur nahen oder ferneren Zukunft zu gewinnen«, denn:

Es ist nur eine kleine Bedingung zu erfüllen: wir müssen bestimmten Zahlen nachspüren und mit ihnen einige Rechenaufgaben lösen. Dabei ist es besonders wichtig, stets alle Zahlen mit allen anderen zu vergleichen und Beziehungen herzustellen, bis ein Ergebnis das andere stützt, die Schlussfolgerungen sich verketten lassen wie die Punkte eines Fernsehbildes. Aus diesen Punktketten leuchten dann die Bilder auf und durchdringen die Schleier, die unsere Zukunft verhüllen. Wie gelangen wir aber zu den Zahlen, die wir zum Rechnen brauchen? Man nehme das Wichtigste von dem, was in der Vergangenheit von Jahr zu Jahr gezählt wurde – Geburten, Wohnbevölkerung, Ernteerträge, Warenumsätze, Kohle- und Erzförderung, installierte Pferdekräfte usw. –, stelle die Zahlen zu einer Reihe zusammen und verlängere die Zahlenreihe über die Gegenwart hinaus in die Zukunft hinein.

»Einige Rechenaufgaben« ist putzig – so einfach war das eben in einer Zeit, als man sich der Tatsache, dass man aus einem physikalischen System nicht mehr herausholen kann, als sich darin befindet, noch nicht so schmerzlich bewusst war wie heute; der Autor des Buches jedenfalls steigert sich, je weiter seine Zukunftsvision voranschreitet, geradezu in einen Geschwindigkeits- und Wachstumsrausch, über den man sich amüsieren könnte, müssten wir uns heute nicht mit den ziemlich problematischen ökologischen Folgen dieses Rausches herumschlagen. Noch viel weniger amüsant ist diese Zukunftssicht:

Das deutsche Volk ist glücklich in dem Bewusstsein, dass die ewige Flucht der Erscheinungen nunmehr endgültig abgelöst wurde von einem ruhenden Pol, der sich als Träger seines besten Blutes fühlend und dieses wissend zur Führung der Nation erhoben hat und entschlossen ist, diese Führung zu behalten, wahrzunehmen und nicht mehr abzugeben … Es ist unser Wunsch und Wille, dass dieser Staat und dieses Reich bestehen sollen in den kommenden Jahrtausenden. Wir können glücklich sein zu wissen, dass diese Zukunft restlos uns gehört.

Heute sind wir glücklich – *sehr* glücklich – zu wissen, dass sich dieser von Adolf Hitler auf dem Nürnberger Reichsparteitag 1934 geäußerte »Wunsch« nicht erfüllte. Die »kommenden Jahrtausende« waren am Ende zwölf Jahre, und auch das war viel zu viel, aber, fragen wir uns heute, wie konnte man im zwanzigsten Jahrhundert überhaupt so ein völkisches, machtbesessenes, perverses Zukunftsbild in die

Welt hinausposaunen und dafür Jubel ernten? Was war da geschehen? Einige Jahre zuvor hatte die Zukunft doch noch ganz anders geklungen, etwa so:

Die Erfüllung jedes menschlichen Erfordernisses hängt lediglich mit Wärme und Kraft zusammen, und wenn Wärme und Kraft so billig zu haben sein werden, dann wird die Erde nichts als ein Spielplatz sein und jedes Land und jedes Meer wird unter der Hand des Menschen und der Führung des menschlichen Hirns pulsieren und vibrieren … Man wird neue Methoden erfinden, das Wachstum der Pflanzen durch elektrische Wärme und elektrisches Licht zu beschleunigen. In Gärten, die in dieser Weise eingerichtet sein werden, wird es Johannisbeeren geben, so groß wie die Damaszenerpflaumen, Damaszenerpflaumen in der Größe von Äpfeln, Äpfel, so groß wie Melonen, Erdbeeren, so groß wie Orangen, und alle werden in Form und Wohlgeschmack die besten von heut übertreffen … Das drahtlose Telefon wird zu jener Zeit die ganze Welt umfassen, und es wird dann ebenso leicht sein, mit unseren Antipoden Zwiegespräche zu halten, wie wir jetzt zwischen Newyork und Boston, London und Paris, Berlin und Budapest sprechen.

Das ist ein typischer Ausschnitt aus dem 1910 erschienenen Sammelband *Die Welt in 100 Jahren*, in dem es von detailliert beschriebenen und – es war die Blütezeit der sozialdemokratischen Fortschrittsbeseeltheit – herbeigesehnten Zukunftsbildern nur so wimmelt. Heute, hundert Jahre später, leben wir in der von den Autoren dieses Bandes imaginierten Epoche. Wir essen zwar noch keine orangengroßen Erdbeeren, halten aber mit unseren Antipoden drahtlose Zwiegespräche bis zum Abwinken – viel interessanter allerdings als die Frage, was sich letztlich bewahrheitet hat und was nicht, ist die Tatsache, dass sich keiner der Autoren des Bandes auch nur im Entferntesten dafür interessierte, was 1914, also nur vier Jahre später, geschehen sollte: eine politisch-militärische Entfesselung von Wärme und Kraft, die halb Europa in Trümmer legte und der Zukunft eine ganz neue Richtung gab – eben jene, die zu Hitler führte – und von dort zu jener, in der wir heute leben.

Das Bild, das wir uns von der Zukunft machen, kann also so wahrscheinlich, so ideologiegetränkt oder so technokratisch sein, wie es will: ob es wirklich zur zukünftigen Gegenwart wird (und ob man sich das überhaupt wünschen soll), steht auf einem ganz anderen Blatt. Denn »Die Zukunft« – der Ort, den sie alle herbeisehnen, die Ideologen ebenso wie die Technokraten – muss erst durch den Filter der anderen Zukünfte einer bestimmten Gegenwart, und da kann einiges geschehen. Wenn wir über vergangene Zukünfte reden, reden wir also eigentlich über nicht realisierte Gegenwarten, und diese zu studieren ist eine faszinierende Sache; es gibt sogar ein ganzes Subgenre, das sich ihnen widmet, die Alternativweltliteratur: Was wäre gewesen, wenn Napoleon bei Waterloo gewonnen hätte? Wenn der Computer viel früher erfunden worden wäre? Wenn der Putsch gegen Gorbatschow Erfolg gehabt hätte? Und so weiter. Aber nicht nur in der Populärkultur, auch in der Geschichtswissenschaft und der Soziologie werden diese »futuribles«, wie Bertrand de Jouvenel die möglichen Zukünfte genannt hat, herangezogen, um zu untersuchen, wie weit zu einem bestimmten historischen Zeitpunkt der Erwartungshorizont einer Gesellschaft reichte, welche Möglichkeiten überhaupt in Erwägung gezogen und warum bestimmte Entwicklungen als »alternativlos« bezeichnet wurden, was echte, was nur eingebildete »self-fulfilling prophecies« waren und weshalb es letztlich ganz anders kam als gedacht oder auch, weitaus seltener, genauso wie gedacht. Denn nur rückblickend hängen die Epochen »historisch logisch« miteinander zusammen; die damals lebenden Menschen blickten in der Regel mit einer ganz anderen Logik auf die Zukunft – ganz bestimmt war kaum ein Mensch nach dem Ersten Weltkrieg der Meinung, der wir heute mehrheitlich anhängen: dass ein Zweiter Weltkrieg nur folgerichtig war.

Natürlich kann man sich beim Studium der »Zukunft von gestern« herrlich amüsieren – unlängst bin ich etwa über diese Aussage von Ken Olsen gestolpert, dem Gründer des Großcomputerherstellers Digital Equipment Corporation: »Es gibt keinen Grund, warum irgendjemand einen Computer in seinem Haus haben sollte.« Das war 1977. Noch im gleichen Jahr kam der erste industriell gefertigte PC auf den Markt. Pech, was? Aber amüsieren Sie sich nicht zu sehr, wer weiß schon, welche skurrilen Zitate und übersteigerten Zukunftsvisionen künftige Historiker und Soziologen einmal zurate ziehen werden, um *unsere* Epoche zu beschreiben: Da gab es also früher Menschen, die dachten, sie könnten das Wetter regulieren. Die dachten, sie würden einmal ihr Bewusstsein mit einem Computer verbinden. Die dachten, sie könnten ihre eigene Evolution steuern … Nein, selbst wenn die Bibliotheken, Antiquariate und Flohmärkte von nie realisierten Zukunftsvorstellungen, sich nie bewahrheitet habenden Prophezeiungen, nie Wirklichkeit gewordenen Hochrechnungen nur so überquellen (und künftige Bibliotheken, Antiquariate und Flohmärkte das ebenso tun werden), ist die Zukunft kein Fall fürs Museum. Auch wir Heutigen sind umzingelt von Zukünften: von Prognosen und Szenarien, von Simulationen und Folgen-abschätzungen, von Visionen und Extrapolationen. Die Zukunft lässt uns nicht los. Und wir lassen die Zukunft nicht los – wir hören einfach nicht damit auf, uns ein Bild von ihr zu machen.

4   Zukunftsbilder

Was die singuläre, also unsere persönliche Zukunft betrifft, malen wir praktisch ständig an einem solchen Bild, auch wenn wir uns immer wieder sagen, dass es doch eigentlich viel schöner wäre, »im Moment zu leben«. (Wie viele Menschen kennen Sie, die wirklich »im Moment leben«?) Aber wie sieht es mit der Zukunft im Kollektiv aus? Auf welche Weise entstehen all die so großartigen wie erschreckenden gesellschaftlichen Zukunftsbilder in unserem Kopf? Welche Methoden verwenden wir, um sie zu erzeugen?

Im Wesentlichen sind dies drei Methoden: eine historische, eine systematische und eine künstlerische.

Die historische Methode ist die einfachste und komplizierteste zugleich. Einfach, weil sie nichts anderes tut, als vergangene Ereignisse zu interpretieren und in die Zukunft zu verlängern beziehungsweise zu spiegeln. Und kompliziert, weil sie das nicht im Sinne einer »Wiederholung der Geschichte« tut – inzwischen kann man wohl mit einiger Sicherheit sagen, dass sich Geschichte nicht wiederholt, sie imitiert (oder reimt, wie Mark Twain meinte) sich allenfalls. Sondern in dem Versuch, ein Muster zu erkennen, das sich vom Beginn der Menschheit bis in die Gegenwart zieht und folglich auch auf die Zukunft übertragbar ist, eine geschichtsprägende Kraft, die uns sagen kann, wie sich das Menschheitsprojekt weiterentwickelt, und vielleicht sogar, worauf es irgendwann hinausläuft. Abgesehen von irgendwelchen Kräften, die ein höheres Wesen in die Geschichte eingebaut haben mag, und abgesehen auch von Schopenhauer oder Nietzsche, die explizit im Chaos und der Absichtslosigkeit des historischen Verlaufs eine (unerbittliche, mörderische) Absicht sahen, war es vor allem Hegel, der in der Menschheitsgeschichte einen großen säkularen Plan entdeckt haben wollte: Mittels seiner Dialektik deduzierte und perpetuierte er die vergangenen und bestehenden Herrschafts- und Besitzverhältnisse als völlig logisch. Ein Zukunftsbild entwarf er daraus nicht – er meinte, dieser logische Prozess hätte sich 1806 mit dem Sieg Napoleons bei Jena (und natürlich mit ihm, Hegel, selbst) vollendet. Doch einige Jahrzehnte später nahmen Marx und Engels diesen Gedanken wieder auf: Mittels derselben Dialektik wollten sie nicht nur die Vergänglichkeit und Rückständigkeit des Status quo beweisen, sondern eben auch die Notwendigkeit, ja, Unvermeidlichkeit einer »besseren« Zukunft. In einem Brief schrieb Marx schon 1843:

Von unserer Seite muss die alte Welt vollkommen ans Tageslicht gezogen und die neue positiv ausgebildet werden. Je länger die Ereignisse der denkenden Menschheit Zeit lassen, sich zu besinnen, und der leidenden, sich zu sammeln, umso vollendeter wird das Produkt in die Welt treten, welches die Gegenwart in ihrem Schoße trägt.

Das »Produkt«, die Zukunft in Form des sozialistischen Staates, der sich nach einer nicht näher definierten Zeitspanne zum kommunistischen Nicht-Staat entwickeln sollte, trat dann allerdings anders in die Welt, als es sich die beiden Jünger Hegels ausgemalt hatten, nämlich in einem Land *ohne* voll ausgeprägte bürgerliche Produktionsverhältnisse, und es hatte dann auch nur siebzig Jahre Bestand, ohne jemals in die Nähe des kommunistischen Ideals zu gelangen – aber heißt das, dass dieses geschichtliche Muster damit eindeutig widerlegt wurde? Wenn man Marx und Engels aus heutiger Sicht liest, sicher nicht; mir ist keine akkuratere Analyse einer Gesellschaftsform bekannt, die vom Rhythmus ihrer Produktion bestimmt wird. Aber die beiden haben sich um ein allzu konkretes Zukunftsbild herumgedrückt wie um einen vollen Nachttopf. Liest man also einige der wirklich konkreten Zukunftsbilder, die auf Grundlage des von Marx und Engels herausgearbeiteten Geschichtsmechanismus entstanden sind, ergibt sich eine andere Sichtweise. So kommt August Bebel in *Die Frau und der Sozialismus* 1910 (die Erstfassung des Textes lag bereits 1879 vor) zu dem Schluss:

Die Menschheit wird in der sozialistischen Gesellschaft, in der sie erst wirklich frei und auf ihre natürliche Basis gestellt ist, ihre Entwicklung mit Bewusstsein lenken. In allen bisherigen Epochen handelte sie in bezug auf Produktion und Verteilung wie auf Bevölkerungsvermehrung ohne Kenntnis ihrer Gesetze, also unbewusst; in der neuen Gesellschaft wird sie mit Kenntnis der Gesetze ihrer eigenen Entwicklung bewusst und planmäßig handeln.

Das heißt: Würde Bebel noch unter uns weilen, müsste er zugeben, dass der Sozialismus *mit Kenntnis* der historischen Gesetze gescheitert ist, und damit hätte sich der Geschichtsautomatismus, den er wie einen Gral durch seinen ganzen Text hindurch trägt (Wenn das eine geschieht, dann geschieht mit Sicherheit das andere, und so weiter), ad absurdum geführt. Und das wiederum heißt: Geschichtliche Muster, seien es sozialistische oder bürgerliche oder meinetwegen auch oberbayerische, kann man letztlich nur behaupten; wenn man sie wirklich »entdeckt«, müssen sie sich auch erfüllen, und sollten sie sich nicht erfüllen, braucht man sich zu ihrer Widerlegung, hier noch einmal Wittgenstein, »nur erinnern, dass es eine Zeit gegeben hat, wo diese ›Lösung‹ nicht gefunden war; aber auch zu *der* Zeit muss man leben können, und im Hinblick auf sie erscheint die gefundene Lösung wie ein Zufall«. Wie gesagt: sehr einfach und sehr, sehr kompliziert zugleich.

Die zweite, die systematische Methode, sich ein Bild von der Zukunft zu machen, hat schon mehr mit der tatsächlichen »Zukunft« zu tun. Sie ist eine Folge der von Max Weber umfassend beschriebenen »Entzauberung und Rationalisierung von Wissensbeständen«: Im Laufe der technisch-wissenschaftlichen, später industriellen Revolution schrieben nicht mehr die Magie oder die Offenbarung Gottes die Basis und Grenzen des Wissens vor, sondern die empirische Erkenntnis. Damit war zwar dem Zufall in der Geschichte Tür und Tor geöffnet, aber gleichermaßen auch dem Wissen um die Zukunft: kein beobachtbares, experimentell nachweisbares oder nomologisch-deduktiv aufschlüsselbares Wissen, doch wenn die Form und Dynamik von Vergesellschaftung in der Vergangenheit nicht beliebig war, so die Überlegung, dann würde sie auch in der Zukunft nicht beliebig sein; folglich könne man durchaus rationale Aussagen über die Zukunft treffen. Ausgehend von Wahrscheinlichkeitsrechnungen und wirtschaftsmathematischen Ansätzen im achtzehnten und neunzehnten Jahrhundert entstanden um 1900 herum die ersten Texte, die sich in dezidiert nicht-literarischer Form, also im Gegensatz zu den, wie es hieß, »Jules-Verniaden«, mit Zukunftsfragen beschäftigten, ihren spekulativen Hintergrund dabei allerdings nicht verleugneten. 1902 eröffnete H. G. Wells, selbst in der Wolle gefärbter Zukunftsliterat, sein Sachbuch *Ausblicke auf die Folgen des technischen und wissenschaftlichen Fortschritts für Leben und Denken des Menschen* so:

> Es ist die Absicht dieses Buches, in so ordnungsgemäßer Reihenfolge, wie es die notwendigerweise verschlungene Art des Gegenstandes zulässt, gewisse Spekulationen über die Stromrichtung gegenwärtiger Kräfte darzulegen, Spekulationen, die, alles in allem genommen, ein unvollkommenes und sehr hypothetisches Bild, aber ein ernst gemeintes Bild von dem Wege aufbauen sollen, den die Dinge in diesem neuen Jahrhundert vermutlich einschlagen werden.

Was hier noch zögerlich beginnt – das »ernst gemeint« musste sich einem breiten Publikum erst erschließen –, nahm dann in den kommenden Jahrzehnten, unter eifriger Mithilfe von Wells, kräftig Fahrt auf. Schritt für Schritt entwickelte sich eine »Wissenschaft von der Zukunft« – Ossip

K. Flechtheim, ein aus Deutschland in die USA emigrierter Soziologe, prägte 1943 das Wort »Futurologie« –, die so unterschiedliche Disziplinen wie Politikwissenschaft, Ökonomie, Soziologie, Psychologie und Geschichtswissenschaft zusammenführte und sich insbesondere in den USA der Fünfziger- und Sechzigerjahre stark auf den technischen, industriellen und militärischen Bereich fokussierte; hier begegnete man dem Laplaceschen Dämon in Form von »Beschleunigungskurven«, »Zukunftsparabeln« »Wiederholungszyklen« und »Strömungsplänen«; hier ging es nicht mehr darum, etwas Schlaues über die Zukunft zu sagen, sondern sie zu »planen«, ja, zu »beherrschen« (ein Vorgehen, das übrigens in Sowjetrussland seine Entsprechung fand; wenn es darum ging, der Zukunft die Richtung vorzuschreiben, gab es keine ideologischen Differenzen). Von diesem hypertechnokratischen Ansatz ist die »Zukunftsforschung«, wie man das Fach heute nennt, längst abgekommen – Flechtheim selbst war maßgeblich daran beteiligt, seine Profession in eine andere Richtung zu lenken, wie er in *Futurologie – Der Kampf um die Zukunft* von 1970 schreibt:

> Futurologie, die mehr ist als Utopie, Technokratie oder Crisis management, muss versuchen, Prognostik, Planung und Philosophie der Zukunft zu einer neuen Einheit zusammenzufügen, wobei zur Zukunfts-Philosophie auch die Politik und Pädagogik der Zukunft gehören.

»Politik und Pädagogik der Zukunft« heißt: normativ, kreativ, gestalterisch über die Zukunft nachdenken. Heißt: Die Zukunft ist nicht nur etwas, das wir kühl hochrechnen, sondern auch etwas, das wir bewahren müssen; die Zukunft ist wertvoll. »Zukunftsforschung« in diesem Sinne – als Auseinandersetzung mit »möglichen, wünschbaren und wahrscheinlichen Zukunftsentwicklungen und Gestaltungsoptionen sowie deren Voraussetzungen in Vergangenheit und Gegenwart« (wie es der deutsche Zukunftsforscher Rolf Kreibich definiert) – kann man inzwischen auch als Universitätsfach belegen, aber trotz aller akademischen Weihen zögert man, von einer »Wissenschaft« im klassischen Sinne zu reden. Jedenfalls sind die üblichen wissenschaftlichen Methoden wie Beobachtung, Experiment und Falsifizierung auf das, wie Stanislaw Lem es einmal nannte, »unikale Objekt Zukunft« nicht anwendbar. Was also eigentlich untersucht, analysiert, studiert wird, ist die Gegenwart, das heißt langfristige Gegenwartstrends, die entweder »extrapoliert« oder in unterschiedliche »Szenarien« aufgefächert werden – methodisch mitunter sehr aufwendig, aber nicht völlig anders als H. G. Wells' »gewisse Spekulationen über die Stromrichtung gegenwärtiger Kräfte« von vor über hundert Jahren.

Diese Trends sind keinesfalls zu verwechseln mit den zuvor angesprochenen geschichtlichen Mustern; im Gegensatz zur Sichtweise von Hegel und Co. ist die Welt für die Zukunftsforscher überaus dynamisch und erzeugt ständig Neues. So bewegt sich der Zukunftsforscher naturgemäß auf dünnem Eis, wenn er Richtung und Tempo der Veränderungen beschreiben und ein Bild von der Zukunft zeichnen will. Ein für die Zukunftsforschung ganz typisches Bild liest sich dann beispielsweise so:

Im gleichen Maße, in dem das Vertrauen in die Wirtschaft und die Politik sinkt, wächst das Vertrauen in den mitmenschlichen Bereich. Die Menschen werden enger zusammenrücken. Hilfsbereitschaft wird ganz hoch im Kurs stehen. Die drei ›V‹ – Vertrauen, Verantwortung und Verlässlichkeit – werden als persönliche Eigenschaften immer mehr gewünscht und gelebt werden. So gesehen zeichnet sich das Bild einer neuen ›Generation V‹ ab. Ein illusionsloser Optimismus wird sich ausbreiten: Die Mehrheit der Bevölkerung macht trotz anhaltender Krisen das Beste aus ihrem Leben, blickt zuversichtlich in die Zukunft und hält mehr zusammen.

Das schreibt der renommierte Zukunftsforscher Horst W. Opaschowski in einem recht aktuellen Essay mit dem Titel *Wie leben wir 2030? Unser Alltag in 20 Jahren.* Und was er da beschreibt, ist bestimmt eine der »möglichen, wünschbaren und wahrscheinlichen Zukunftsentwicklungen«, wie sie die Zukunftsforschung seit einigen Jahrzehnten in den Blick nimmt, aber andererseits: Was ist das anderes als die von bestimmten Menschen längst gelebte Gegenwart? Und: Wer will eigentlich *nicht* das Beste aus seinem Leben machen? Wirklich »Neues« begegnet einem in der Zukunftsforschung, obwohl sie diesem Neuen doch eigentlich aufgeschlossen ist, leider nur sehr selten. Hinzu kommt: Nicht alle, die sich Zukunftsforscher nennen, haben tatsächlich auch ein wissenschaftliches Interesse oder gar eine entsprechende akademische Ausbildung, die meisten von ihnen sind in erster Linie Autoren, Journalisten oder einfach Meinungsmacher, und die Sachbücher über die Zukunft und ihre unterschiedlichsten Teilaspekte, die Monat für Monat auf den Markt kommen, sind Kompilationen gegenwärtiger Entwicklungen, deren Halbwertszeit nicht selten der Dauer des Interesses entspricht, das ihnen der Autor entgegenbringt: Wurde etwa gestern noch eine Verstetigung der Konjunktur vorhergeschrieben, ist heute eine tiefe Eintrübung des Investitionsklimas unausweichlich – oder eben andersherum. Sicher gibt es unter den (studierten, aber auch selbsternannten) Zukunftsforschern etliche, die sich ihrem Untersuchungsobjekt so erfahrungsbasiert, analytisch und neutral wie möglich nähern, aber genau dieses Objekt ist dazu prädestiniert, eine unübersichtliche und interessengeleitete öffentliche Diskussion zu stimulieren, in der man sich je nach Standpunkt Pessimismus oder Schönfärberei, Panikmache oder Eitelkeit vorwirft – ganz so wie in jeder anderen öffentlichen Diskussion auch. Die Zukunft ist eben in jeder Hinsicht politisch.

Schließlich gibt es noch die dritte, künstlerische (oder auch erratische) Methode, sich ein Bild von der Zukunft zu machen: die Erzählungen und Romane, längst auch die Spielfilme, deren fiktive Handlungen in der Zukunft angesiedelt sind. Sie erheben in keiner Weise den Anspruch, die Zukunft systematisch aus der Gegenwart abzuleiten; sie erzählen zuallererst eine Geschichte, und das, was in dieser Geschichte geschieht, gehorcht zuallererst der Ökonomie des Erzählens, der Spannung, des in sich stimmigen Plots. Das heißt aber nicht, dass sie »irgendeine« Geschichte erzählen: Vor etwa zweihundert Jahren löste sich aus dem breiten Strom der fantastischen Literatur jener Teil, der Raum und Zeit als homogenes und vor allem *menschliches*

Handlungsfeld definierte (von möglichen Bewohnern anderer Planeten einmal abgesehen), entstand das, was man »Utopie«, »voyage extraordinaire«, »scientific romance«, »Zukunftsroman« oder aktuell »Science-Fiction« nennt. Diese Geschichten sagen zwar nicht die Zukunft vorher – obwohl einige ihrer Autoren durchaus mit dieser Absicht geschrieben haben und schreiben –, aber sie alle spielen in einer Zukunft, die, und sei der Faden noch so dünn, auf irgendeine Weise mit der Gegenwart, also mit *uns*, verbunden ist. Nehmen wir etwa den Anfangssatz von Dan Simmons' hochpittoreskem Science-Fiction-Roman *Die Hyperion-Gesänge*:

> Der Hegemoniekonsul saß auf dem Balkon seines Ebenholzraumschiffs und spielte Rachmaninows Prélude in cis-Moll auf einem uralten, aber gut erhaltenen Steinway, während sich große grüne Saurierwesen unten in den Sümpfen drängten und heulten.

Wir befinden uns hier in einer so fernen Zukunft, dass nur noch einzelne Begriffe (»Steinway«, »Saurier«) an aus der Gegenwart Bekanntes erinnern, andere wiederum (»Ebenholzraumschiff«, »Hegemoniekonsul«) sehr seltsam anmuten, aber das ist ganz egal, denn nichts von dem, was auf den nächsten Seiten folgt, ist in irgendeiner Weise willkürlich – Schritt für Schritt ergibt sich das Bild einer Zukunft, die sich aus unserem (und keinem anderen) Heute ergeben hat und die den Menschen nun, viele tausend Jahre von diesem Heute entfernt, um die Ohren fliegt. Mit Vorhersage hat das nichts zu tun und mit Wissenschaft schon gleich gar nicht – die Zukunftsliteratur vermittelt, wie jede andere Literatur auch, kein Wissen, sondern ein Gefühl –, aber wir können uns in dieser Zukunft immer noch erkennen: wir können immer noch erkennen, was wir einmal sein könnten.

Trotzdem ist es die beinahe einhellige Meinung, dass all diese Zukunftsgeschichten für die seriöse Debatte über die Zukunft untauglich sind; ja, es ist eine fast schon klassische Argumentationsfigur, etwas in den Bereich der »Utopie« und »Science-Fiction«, also der Spinnerei, zu verweisen, wenn es nicht (das heißt: *noch* nicht) mit dem Bild, das man sich von der Zukunft macht, übereinstimmt. Wo aber hört eigentlich das »seriöse« Nachdenken über die Zukunft auf und wo beginnt die Utopie, die Science-Fiction, die Spinnerei? Was wie eine Frage klingt, die bestenfalls Kulturwissenschaftler mit exzentrischen Neigungen interessiert, führt in Wahrheit in den Kern der Debatte über »die« Zukunft. Denn es gibt eine solche Trennlinie überhaupt nicht, niemand hat sie je markiert, niemand hat ihr je eine Bedeutung zugesprochen. Wenn wir über die Zukunft reden, egal ob über vergangene oder gegenwärtige Zukunftsvorstellungen, vermischen sich die Bilder der Zukunftsforscher so nachhaltig mit den Bildern der Zukunftsautoren, dass man sie gar nicht voneinander trennen kann. Natürlich könnte man etwa bei der Frage, inwieweit der Staat im Spannungsfeld von Sicherheit und Freiheit seine Bürger beobachten (oder eben nicht beobachten) soll, allerlei Fakten und Analysen zurate ziehen und in die Zukunft hochrechnen, aber diese Hochrechnungen hätten ohne George Orwells berühmten »Big Brother« aus *1984* eine völlig andere gesellschaftliche Resonanz. So wie keine Diskussion um das Für und Wider der Künstlichen Intelligenz ohne Isaac Asimovs »Robotergesetze« oder HALs kalt leuchtendes »Auge« in *2001: Odyssee im Weltraum* auskommt – nicht weil diese Geschichten die Zukunft beschreiben, sondern weil sie uns darüber Auskunft geben, was wir überhaupt fähig sind, in der Zukunft zu erkennen. Denn sich ein Bild von der Zukunft zu machen – in welcher Form auch immer –, heißt bereits die Zukunft zu verändern. Die Zukunft ist nie direkt aus der Erfahrung von Vergangenheit und Gegenwart ableitbar; erst die Art und Weise, wie wir die Zukunft *sehen*, verschränkt die Zeiten miteinander. Die Abgrenzung derjenigen, die vermeintlich seriös über die Zukunft nachdenken wollen, gegenüber den erratischen Bildern, die die Zukunftsgeschichten in die Welt und vor allem in die Köpfe setzen, beruht auf der verbreiteten Annahme, dass man nur dann über die Zukunft nachdenken und reden kann, wenn man sich mit tatsächlich möglichen Ereignissen und ihren jeweiligen Realisierungswahrscheinlichkeiten auseinandersetzt, also gegenwärtige Zukünfte an einer für realistisch erachteten zukünftigen Gegenwart abgleicht. Die Zukunft aber hat nicht nur etwas mit der zukünftigen Gegenwart zu tun, sondern auch mit der *fiktiven* Gegenwart, mit unserem Denken, Rätseln und Staunen über das, was gerade um uns herum ist (und sein könnte), und über das, was wir gerade sind (und sein könnten).

So wie die Bücher der Science-Fiction-Autoren sind auch die der Zukunftsforscher voller Vorhersagen, Projektionen und Extrapolationen, die nie Gegenwart wurden – oder in ganz anderer Form als vorhergesagt, projiziert und extrapoliert. Die Zukunft neigt eben dazu, unsere Vorhersagen,

Projektionen und Extrapolationen zu konterkarieren (was die Zukunftsforschung inzwischen auch als »ereignishafte Diskontinuitäten«, als sogenannte »Wild Cards«, mit einkalkuliert: der Ausbruch von AIDS, der politische Kollaps des Ostblocks, die Bankenkrise von 2008, der Arabische Frühling). Aber wie sollen wir in der Gegenwart eigentlich mit Vorhersagen – wie auch immer sie zustande gekommen sind – umgehen, die sich dann später als korrekt herausstellen? Wenn Sie vor zwanzig Jahren eine Geschichte oder eine akademische Studie gelesen hätten, in der islamistische Terroristen mit Flugzeugen in das World Trade Center rasen – hätte das die Anschläge vom 11. September 2001 verhindert? Kafka hat in *Der Prozess* oder *In der Strafkolonie* die dunkelsten Momente des zwanzigsten Jahrhunderts erahnt – wurde das bemerkt, hat das irgendetwas geändert? In der 1946 im Science-Fiction-Magazin *Astounding* veröffentlichten Story *A Logic Named Joe* wurde das heutige Internet in seinen mannigfaltigen Auswirkungen ziemlich genau beschrieben – wenn die Story viel mehr Leser erreicht hätte, hätten es die Menschen früher gebaut oder hätten sie lieber darauf verzichtet, so etwas zu bauen? Niemand weiß das. Niemand kann das je erforschen. Es geht also nicht um »tatsächlich Mögliches«, wenn wir über die Zukunft reden, es geht um etwas anderes.

Bleiben wir beim Beispiel Internet. Als sich Anfang der 1980er-Jahre Universitäten und militärische Einrichtungen rudimentär vernetzten, sagte niemand das vorher, was wir heute das »Netz« nennen. Auch der Science-Fiction-Autor William Gibson nicht, der etwa zur selben Zeit seinen Roman *Neuromancer* veröffentlichte, in dem die Computerhacker ihre Gehirne direkt mit den Maschinen verbinden (ein Konzept, das später in Filmen wie *Matrix* visualisiert werden sollte). Aber darauf kam es gar nicht an. Worauf es ankam, war, dass da plötzlich eine neue Welt, eine Welt hinter dem Computerbildschirm, beschrieben wurde, und zwar so:

> Eine Konsens-Halluzination, tagtäglich erlebt von Milliarden zugriffsberechtigter Nutzer in allen Ländern, von Kindern, denen man mathematische Begriffe erklärt.

In *Neuromancer* hat Gibson nicht nur das Wort »Cyberspace« geprägt, er hat diesen Cyberspace auch erschlossen – nicht als Vorhersage, sondern als intellektuelle Aneignung, als »Konsens-Halluzination«. Und genau darum geht es: Erst wenn wir uns das Ausmaß der Welt, in die wir geboren werden, und unserer Rolle darin vorstellen können, können wir uns auch das Ausmaß der Zukunft und unserer Rolle darin vorstellen. Der erste Mensch, der zum Mond geblickt und sich gefragt hat, ob man eines Tages dorthin reisen kann, hat nicht das Apollo-Programm vorhergesagt, aber seine Frage hat den Mond aus der Sphäre des Magischen in die Sphäre des Menschen transferiert – erst auf diese Weise wurde der Mond zur Zukunft.

Erst auf diese Weise begann die Zukunft überhaupt.

5 Wie die Zukunft in die Welt kam

Stellen wir uns eine Gruppe von Menschen viele Jahrtausende vor unserer Zeitrechnung vor. Sie haben ihr Lager in einer großen, verzweigten Höhle aufgeschlagen, die ihnen als einigermaßen sicherer Zufluchtsort dient, und im Schein ihrer Feuer blicken sie auf faszinierende Bilder an den Wänden: kunstvoll aufgemalte Pferde in vollem Galopp, in den Stein geritzte Reliefs von Bisons und Mammuts, hier und da rätselhafte Mischwesen aus Tier und Mensch. Aber es sind nicht ihre Bilder – es sind die Hinterlassenschaften einer früheren Menschenepoche, Echos eines kulturellen und sozialen »Vorher«, Botschaften an die Zukunft. So jedenfalls verstehen wir heute diese berühmten altsteinzeitlichen Felsbilder in den Höhlen von Lascaux oder Chauvet, die im Laufe einiger Jahrtausende entstanden sind. Für die Menschen im Paläolithikum aber dürfte es eine ganz andere Erfahrung gewesen sein, auf die Kunstwerke *ihrer* Vorfahren zu stoßen, denn »Geschichte« gab es noch nicht; »Geschichte« war, wenn es über die regionalen Kontakte hinaus überhaupt Kommunikation gab, kaum mehr als ein fragil geknüpftes Netzwerk aus Geschichten. Hatten sie also einen Sinn für dieses wie auch immer geartete Vorher, aus dem die Bilder stammten? Unterschieden sie schon zwischen »Lebenszeit« und »Weltzeit«, wie es bei Hans Blumenberg heißt, und wenn ja, in welcher Weise? Oder wähnten sie sich einfach in einem ewigen Jetzt?

Wir wissen es nicht. Wir können nur vermuten, dass Homo sapiens, so wie er den größten Teil seines Werdegangs in einem anderen Verhältnis zu Materie und Energie, auch in einem anderen Verhältnis zur Zeit stand als heute, dass er auf andere Weise zwischen innerer erlebter und äußerer messbarer Zeit unterschied als wir. Natürlich: Die Unwiderrufbarkeit des Vergangenen, die Unwägbarkeit des Kommenden, die Erfahrung von Jugend, Alter und Tod sind anthropologische Konstanten, und jede Menschenkultur, auch unsere, hat Glaubenssysteme und Institutionen entwickelt, um dem Einzelnen und der Gemeinschaft einen Rahmen für die Orientierung in der Zeit zur Verfügung zu stellen. Aber wenn es auch unmöglich ist, jene Systeme und Institutionen genau zu rekonstruieren, innerhalb und mittels derer die Menschen vor Tausenden von Jahren Sinn produzierten, deutet zumindest ihre Formensprache darauf hin, dass »Welt« für sie noch nicht das war, was es für uns ist: nicht das Isaac Newton'sche »storehouse of matter«, das man studiert, analysiert und sich verfügbar macht, sondern ein magisches Gespinst aus Werden und Vergehen, aus nicht notwendigerweise korrelativen Ereignissen, aus Wahrnehmung und Vorstellung. In einer solch gleichermaßen erfahrenen wie imaginierten Welt, die nicht nur dem Menschen, sondern allen Geschöpfen gehörte (wenn sie überhaupt jemandem »gehörte«), konnten Zeit und Raum durchaus miteinander verschmelzen, aber das eine konnte das andere nicht ersetzen – das menschliche Ausgreifen in den Raum vollzog sich über siebzigtausend Jahre in Etappen von wenigen Kilometern, und Zeit war individuelle und kollektive Naherwartung: das Heranwachsen der Kinder, die Wanderung der Tierherden, die Blüte der Pflanzen, der Wechsel der Mondphasen, der Lauf der Jahreszeiten. Die Menschen folgten den langen Rhythmen der Natur. Klimaänderungen, die massiv und irreversibel in das Leben eingriffen, erstreckten sich in der Regel über viele Jahrzehnte oder Jahrhunderte, sodass jede Generation – die Lebenserwartung war deutlich geringer als heute, der Anteil der Kinder an der Gesamtbevölkerung viel höher – sie in ihre kulturelle Sinnproduktion integrieren konnte.

Erst als die Menschen damit begannen, der Natur mehr und mehr ihre eigenen, viel kürzeren Rhythmen abzutrotzen und aufzuzwingen (ein Prozess, der bis heute anhält), etablierte sich auch eine neue Form von »Zeitlichkeit«. So wie zu Beginn des Neolithikums durch Sesshaftwerdung, Gründung von permanenten Siedlungen und Domestizierung von Pflanzen und Tieren der Raum instrumentalisiert und hierarchisiert wird, wird die Zeit in Form von Akkumulation von Ressourcen, ihrer ungleichen Verteilung und ihrer aufgeschobenen Bezahlung instrumentalisiert und hierarchisiert. Und nicht nur Güter werden akkumuliert, sondern auch das Wissen: Die Erfindung der Schrift ermöglicht ein externes kulturelles Gedächtnis, das der Zeit eine Struktur gibt, ihr eine Richtung verleiht, das aus dem Netzwerk von Geschichten eine zusammenhängende »Geschichte« macht. Das war die große Leistung der mythischen Diskurse im Zweistromland, im Niltal, in Asien, die nicht in dem Sinne »mythisch« waren, in dem wir das Wort heute verwenden, also »erfunden« oder »fantastisch«, sondern sich im Gegenteil als Tatsachenberichte von der Schöpfung des Universums und dem Verlauf der bisherigen Ereignisse verstanden: ein erzähltes, in sich schlüssiges »Vorher«.

Wenn es aber ein »Vorher« gibt, muss es auch ein »Nachher« geben, muss die Geschichte weitergehen. Und so machten die Menschen einen ersten Schritt in die Zukunft, aber nicht in »die« Zukunft – das Konzept der Zukunft als homogener Raum an Noch-Nicht-Geschehenem und Noch-nicht-vom-Menschen-Gemachtem war dem mythischen Denken völlig fremd. Im Mythos verstand man sich als Teil einer großen Weltmaschine, eines sich ewig drehenden Rads aus Beginn, Verfall und Wiedergeburt; die Parallelen zu den Zyklen der Natur, die nach wie vor das Leben prägten, sind unverkennbar. Die Zeit hatte nun zwar eine Richtung, aber sie drehte sich immer wieder in sich selbst zurück: »Die Zukunft ist wie die Vergangenheit«, heißt es auf einer Tontafel eines der Orakel von Ischtar. Es war das spirituelle und intellektuelle Fundament jener frühen Kulturen, denen wir das Prädikat »Hoch-« verleihen – von den sumerisch-akkadischen Stadtstaaten über die Völker des Nahen Ostens, Europas und Asiens bis ins präkolumbianische Amerika –, dass die Geschichte nicht vom Menschen »gemacht«, sondern wie alles andere im Universum von übermenschlichen Kräften »verfügt« wurde, und dass sie an immer wiederkehrenden Ereignissen orientiert war: Das überlieferte »Vorher« war das vorweggenommene »Nachher«. Das hatte nicht nur für das Alltagsleben weitreichende Folgen, sondern insbesondere auch für das politogenetische Bezugssystem, das zentrale Mittel des Menschen, um seine eigene Geschichte, mithin seine Zukunft zu gestalten. Denn im Mythos wird auch die politische Ordnung von höheren Mächten vorgegeben, sie kommt, wie man etwa der bekannten sumerischen Königsliste entnehmen kann, »vom Himmel herab« und wandert dann auf Erden von einer Stadt und ihrer Dynastie zur nächsten, ohne dass die Menschen darauf Einfluss nehmen können.

Aber auch wenn alles, was geschieht und geschehen wird, im Mythos determiniert ist, finden sich schon in den frühesten Texten Hinweise darauf, dass die Menschen sich durchaus darum bemühten, ihre individuelle und kollektive Zukunft zu deuten, vorherzusagen, zu prophezeien; schon im dritten Jahrtausend vor unserer Zeitrechnung berichten die Tontafeln von einer Fülle divinatorischer Praktiken: das Auslegen von Träumen, das Lesen in den Eingeweiden von Opfertieren, das Interpretieren von Zeichen in der natürlichen Welt und vieles mehr. Vorhersage heißt aber immer auch Zukunftsbeeinflussung, heißt Verhaltensänderung, je nachdem ob man das vorhergesagte Ereignis vermeiden oder herbeiführen will – doch was für einen Sinn hätte das, wenn die Zukunft längst festgelegt ist? Tatsächlich ist das, was aus heutiger Sicht wie ein erkenntnistheoretischer Widerspruch erscheint, der grundlegende Mechanismus im Umgang des Menschen mit der Zukunft am Beginn der Geschichte. Die divinatorische Praxis, die bald schon Züge einer hochkomplexen Wissenschaft annahm, ist viele Jahrtausende lang (in esoterischen Kreisen bis heute) eng mit einer deterministischen Auffassung des Universums verbunden: Nur wenn man fest davon überzeugt ist, dass sich die Zukunft nach bestimmten unveränderbaren Regeln ereignet, dass also auf A *immer* B folgt, ist es sinnvoll, so viel wie möglich über diese Regeln in Erfahrung zu bringen und sie für sich zu nutzen. Die Zukunft zu beeinflussen hieß also weniger, sie zu »gestalten« oder gar zu »bewältigen«, sondern sich ein Expertenwissen anzueignen, um im Spiel der Macht, im Kampf um Raum und Ressourcen, einen Vorteil zu haben. Zukunftsschau war – von der Prophetie im Nahen Osten zur Wahrsagung der Druiden im keltisch-germanischen Raum, von den Orakeln der griechischen Stadtstaaten zu den Auguren des römischen Reiches – ein riesiger Dienstleistungsbetrieb, in dem je nach Bedarf taktiert und manipuliert wurde; insbesondere diente sie den Herrschenden dazu, in unruhigen Zeiten einen Konsens herzustellen und ihre Entscheidungen zu legitimieren sowie in kritischen Momenten für die nötige Motivation zu sorgen: Denn wem »die Götter gewogen waren«, mit wem »das Schicksal es gut meinte«, dem gehörte die Zukunft.

Eine politische Ordnung allerdings, die sich durch mehr definiert als nur durch Raum- und Ressourcenkämpfe, die über ihre Selbstorganisation reflektiert und sogar das anstrebt, was wir heute »Partizipation« nennen, lässt sich auf eine solche Schicksalsergebenheit und Schicksalsmanipulation nicht bauen. Sie muss aus dem starren Konzept der ewigen Wiederkehr, aus einer vom Übernatürlichen determinierten Zukunft einen wie auch immer bemessenen Freiraum für menschliches Handeln herausbrechen. So entsteht in den griechischen Stadtstaaten der vorchristlichen Jahrhunderte, in denen es üblich war, jegliche Widrigkeit als Strafe der Götter anzusehen, nicht nur das eigentlich »Politische« – also die Gestaltung der Regeln und Verfahrensweisen, nach denen die Menschen ihr Zusammenleben organisieren, *durch* die Menschen –, sondern auch eine erste Vorstellung von einer Zukunft, die nicht ausschließlich von höheren Mächten verfügt wird. In einem der Verse Solons etwa heißt es:

Nie wird unsere Stadt vergehen nach der Fügung der
    Götter,
nach der Seligen Wunsch oder dem Schicksal des Zeus,
weil fürsorgenden Sinns ihre Hände über uns breitet
Pallas Athene, des Zeus stolzes, erhabenes Kind;
aber die Bürger selber aus Unverstand drohen die große
Stadt zu verderben, durch Geld und seine Lockung ver-
    führt …

Die »Bürger selber« also sind für ihr zukünftiges Unglück verantwortlich, nicht mehr nur die Götter. Zwar bildete sich im griechischen Logos noch kein menschlicher »Zukunftshorizont« – man glaubte weiterhin an das aus dem Mythos übernommene zyklische Prinzip (auch Platon vertraute der Effizienz verschiedener Divinationsmethoden und machte die Weissagung in seiner idealen Polis sogar zum Staatsmonopol). Aber es etablierten sich neue Kausalzusammenhänge: Die totale Unterwerfung unter das Schicksal wich einer Zukunftspragmatik, die es möglich machte, neue Formen der Vergesellschaftung zu etablieren.

So spielten die Orakel und Auguren in der griechischen

und römischen Welt zwar weiterhin eine bedeutende gesellschaftliche Rolle, aber sie waren nur eines von mehreren Rädern in der politischen Maschinerie, und es konnte sogar geschehen, dass eine neue machtpolitische Konstellation ihre Stellung gefährdete: Die Zukunft hatte eben so zu sein, wie sie sich der jeweilige Herrscher gerade wünschte. Dieser machtpragmatisch-zynische Umgang mit Zukünftigem sollte sich bald auf spektakuläre Weise verändern, allerdings nicht im Sinne einer weiteren Herauslösung menschlichen Handelns aus übernatürlichen Zusammenhängen, sondern im Gegenteil einer völligen Unterwerfung des Menschen unter das Übernatürliche. In der theologischen Brutkammer des Nahen Ostens schälten sich sukzessive Zukunftsdeutungen heraus, die aus dem ewigen Rad, dem Kreis der menschlichen Geschichte eine gerade Linie machten. Von der messianischen Offenbarung in der judäischen Prophetie bis zur Behauptung der Endgültigkeit des Heils im Christentum – plötzlich erscheinen Religionen auf der Weltbühne, in denen die Zukunft die Gegenwart bestimmt, ja, in denen alles, was auf Erden geschieht, auf künftige Ereignisse ausgerichtet ist, weil diese Ereignisse die menschliche Geschichte ein für allemal beenden. Im fünften Jahrhundert legte Augustinus in *De civitate Dei* die Grundlage für dieses Zukunftsbild:

Wenn nämlich die Seele erlöst, und zwar zum ersten und einzigen Male erlöst wird, ohne noch einmal in das Elend zurückkehren zu müssen, geschieht ihr etwas Neues, was es noch nie zuvor gab, etwas gewaltig Großes: Die ewige Glückseligkeit, die kein Ende nimmt, wird ihr zuteil!

Wenn nun der unsterblichen Natur solch Neues ... nie im Kreislauf sich Wiederholendes widerfährt, warum soll es bei sterblichen Dingen nicht ebenso sein?

Nun hatte die Zeit also nicht nur eine Richtung, sondern auch ein Ziel, aber wenn dieses Ziel der Einmarsch der himmlischen Heerscharen und das Jüngste Gericht ist und wenn es nicht von einem Seher oder Auguren verkündet wird, sondern von Gott selbst (auch das ein ganz neues Konzept, das der Islam später übernahm), was für eine Zukunft kann der Mensch dann überhaupt noch für sich in Anspruch nehmen? Tatsächlich sollte das christliche Abendland ein Jahrtausend lang in, wie Lucian Hölscher es nennt, »eschatologischer Naherwartung« leben, im Hinblick auf eine Endzeit, deren Eintreten regelmäßig auf den neuesten Stand gebracht werden musste: Ging man bei den frühchristlichen Gemeinden noch fest davon aus, dass das Ende der Welt unmittelbar bevorstand, dehnte sich der angenommene Zeitraum im Übergang zur Institutionalisierung des neuen Glaubens je nach Auslegung der entsprechenden Bibelstellen (insbesondere in der Offenbarung des Johannes wimmelt es ja nur so von fantasmagorischer Zukunftsmathematik). Luther etwa rechnete Zeit seines Lebens mit dem Ende (»Die Welt wird nicht mehr lange stehen; ob Gott will, nicht über hundert Jahre«, heißt es in den Tischgesprächen), und noch Mitte des neunzehnten Jahrhunderts sagte ein vielgelesener Bibelkommentar die Wiederkunft Christi für das Jahr 1995 voraus.

Aber wie oft in der Geschichte war es kein abrupter oder gar vollständiger Bruch; das neue Zukunftsbild war nicht hermetisch. Auch wenn die Kirche etliche Formen der »heidnischen Wahrsagung« ächtete und später inquisitorisch verfolgte, gab es im Alltag der Menschen neben der messianisch-chiliastischen Großprophezeiung allerlei Nützlichkeitsvorhersagen, die aus Sternenkonstellationen, Naturerscheinungen oder anatomischen Missbildungen auf kommende Ereignisse schlossen (noch in der Renaissance sollten Astrologen wie Nostradamus einen erheblichen Einfluss ausüben). Außerdem nahmen sich viele mittelalterliche Herrscher die griechisch-römischen Manipulationen der Orakel und Auguren zum Vorbild und machten sich die christlichen Prophezeiungen – etwa den Mythos des »Letzten Kaisers« und dem damit verbundenen Kreuzzugsgedanken – politisch zunutze. Das Verhältnis des Menschen zur Zeit jedoch hatte sich fundamental verändert: Kosmos und Geschichte erneuerten sich nicht mehr regelmäßig, sondern strebten einem von Gott festgelegten Endpunkt entgegen; die Zukunft war nicht mehr die ewige Wiederkehr des Immergleichen, sondern die Zukunft verlieh der menschlichen Geschichte ihren *Sinn*. Über tausend Jahre lang regelte und reglementierte die Kirche den Zugang zu dieser Zukunft, über tausend Jahre, in denen mit jeder neuen Überschreitung des antizipierten Weltendes die entsprechenden Mutmaßungen und Berechnungen überarbeitet, revidiert oder ganz neu angestellt werden mussten, über tausend Jahre, in denen die Menschen keine eigene Erwartung an »die« Zukunft haben konnten, sondern sich auf das räumlich und zeitlich Naheliegende konzentrierten: Aussaat und Ernte, Geburt und Tod, die Erbfolge der Könige und das Hin und Her von Krieg und Frieden.

Die intellektuellen Diskussionen dieser tausend Jahre allerdings drehten sich nicht ausschließlich um den Zeitpunkt der Wiederkunft Christi. Man begann sich auch zu fragen, wie sich Gottes vollkommenes Zukunftswissen eigentlich mit der menschlichen Willensfreiheit verträgt. War Gott wirklich überall? Bestimmte er jedes noch so kleine Ereignis in Gegenwart und Zukunft? Schon Augustinus hatte sich mit dieser Frage auseinandergesetzt (und durchaus nicht alles dem göttlichen Willen unterworfen), aber erst im fünfzehnten Jahrhundert kam mit dem Nominalismus und dem Universalienstreit – beziehen sich die Universalien, die Allgemeinbegriffe, wirklich auf präexistente Ideen (so die alte Argumentation) oder sind sie nicht eher konventionsgebundene Sprachkonstruktionen (so die neue)? – eine grundsätzliche Skepsis bezüglich der Fähigkeit des Menschen zum Ausdruck, Gott in der Wirklichkeit zu »erkennen«. Diese Skepsis erschütterte nicht nur das scholastische Selbstverständnis – lediglich im Glauben, nicht mehr im Denken konnte ein allmächtiger, ferner, unbekannter Gott erschlossen werden – und bereitete den Weg für den Protestantismus, es leitete auch eine geistige Entwicklung ein, die Geschichte nicht länger nur als Heilsgeschichte sah: Zwar war »die« Zukunft nach wie vor das Reich Gottes, aber Gott hatte dem Menschen die Freiheit gegeben, sich seine eigene Zukunft zu schaffen. Dieser Gedanke – bei Thomas Hobbes sollte es später kurz und knapp heißen: »Der Mensch versteht nur das, was er selber macht« – ist der Nukleus des neuzeitlichen Weltbilds, mit dem, von Francesco Petrarca über Leonardo da Vinci und Nikolaus Kopernikus bis zu Michel de Montaigne und Giordano Bruno, das scholastische Heilsschema auseinandergenommen und zwischen Gottes »Vorsehung« (dem Objekt der Theologen) und der menschlichen »Vorhersage« (dem Objekt der Planer) getrennt wurde. Zu Beginn des sechzehnten Jahrhunderts entstand so ein neues Bild von der Zukunft – das Bild einer Zukunft, die erstmals »unsere« Zukunft, die Zukunft des Menschen, war. Tausend Jahre nach Augustinus brach Niccolò Machiavelli fundamental mit dem christlichen Zukunftsbild. In der Einleitung zum ersten Buch seiner *Discorsi* schreibt er:

> Zahllose Leser finden nur Vergnügen daran, die bunte Mannigfaltigkeit der Ereignisse an sich vorüberziehen zu lassen, ohne dass es ihnen einfällt, sie nachzuahmen. Sie halten die Nachahmung nicht nur für schwierig, sondern für unmöglich, als ob Himmel, Sonne, Elemente und Menschen in Bewegung, Gestalt und Kräften anders wären als ehedem. Von diesem Irrtum möchte ich die Menschen befreien …

Fortan entsprang die menschliche Geschichte also nicht mehr der Bewegung zwischen den Polen Schöpfung und Jüngstes Gericht, sondern resultierte aus einer einheitlichen naturgemäßen Dynamik: Wie in der physikalischen Welt gibt es auch in der sozialen Welt unveränderliche Gesetze, und wenn man diese Gesetze begreift, kann man sich einen politischen Raum schaffen, der ganz und gar dem Menschen gehört. Fest im Renaissancedenken verwurzelt nahm Machiavelli Bezug auf das antike Vorbild und sah Geschichte als ständiges Auf und Ab, als ewiges Ringen mit Fortuna, aber das hatte nichts mehr mit dem magischen Denken früherer Jahrhunderte zu tun: Machiavelli war fest davon überzeugt, dass menschliches Tun in der Gegenwart auch in der Zukunft Bestand hat, ja seine ganze politische Lehre war darauf ausgerichtet, *dass* es Bestand hat.

So kam die Zukunft in die Welt: als Aneignung, als Konsens-Halluzination, als Anspruch des Menschen, sich sein eigenes Reich zu schaffen. Und so fingen die Probleme erst richtig an.

6 Die zwei Monster

Probleme? Welche Probleme konnte es schon geben, wenn die Zukunft doch nun uns gehörte? Schrieb nicht fast zeitgleich mit Machiavelli ein anderer Autor einen Text, der diese, *unsere* Zukunft nicht nur erstmals erzählerisch in den Blick nahm, sondern geradezu zum Paradies erklärte? Zugegeben, es wurde nicht von allen gleich bemerkt: Was der englische Kirchenmann und Politiker Thomas Morus 1516 auf Latein zu Papier brachte und mit *Utopia* betitelte, beschäftigte und amüsierte zunächst nur einen kleinen Kreis von Gelehrten (erst Jahre später folgten auf die englische Übersetzung Ausgaben in mehreren europäischen Sprachen). Und außerdem: Ging es hier wirklich um die Zukunft? Die ferne Insel, die der fiktive Reisende namens Raphael Hythlodeus besucht und deren Gesellschaft er akribisch beschreibt, lag ja bekanntermaßen nicht im Irgendwann, sondern im Irgendwo, genauer gesagt im Nirgendwo, wie es die Wortschöpfung »U-topia« suggerieren sollte. Allerdings richtete sich der Blick eindeutig nach Westen; nur wenige Jahre zuvor hatte Christoph Kolumbus Europa die Kunde überbracht, dass in dieser Himmelsrichtung eine »Neue Welt« existierte, die Ruhm und Reichtum versprach – ein Glücksfall für das von Kriegen und Seuchen geschlagene Europa. *Utopia* wurde vor diesem Hintergrund zum einen als eine neue Art Reiseliteratur (das Buch lieferte die Schablone für zahlreiche spätere Texte ähnlicher Machart und Intention) wahrgenommen und zum anderen als Satire auf das spätmittelalterliche England, der ausgedachte Inselstaat also nicht als ernstgemeinter Gesellschaftsentwurf, sondern als eine ins Fantastische verlagerte Kritik an gegenwärtigen Zuständen. Tatsächlich rätseln die Historiker bis heute, welche Absichten der erzkatholische Lordkanzler Heinrichs VIII. mit diesem Buch verfolgte und ob er in seiner heidnischen Inselgesellschaft wirklich ein anzustrebendes Ideal sah. Doch nicht weil der Text eine überzeitliche bessere oder gar beste Welt beschreibt (was für Raphael Hythlodeus die perfekte Staatsform ist, ist für spätere Leser eine ziemlich primitive Erziehungsdiktatur), hat sich *Utopia* tief in das kulturelle Unterbewusstsein eingegraben, sondern weil er diese Welt überhaupt erst *erzeugt*. Denn im Nirgendwo muss man sich nicht die Mühe machen, eine Welt, einen Staat, eine politische Ordnung zu rechtfertigen – im Nirgendwo kann man sie nach Herzenslust bauen.

Das war etwas völlig Neues. Das gab es so nicht bei Platon – dessen ideale Polis war eine Handlungsvorgabe für die politischen Akteure seiner Zeit, ein Orientierungsrahmen für die politische Theorie und Praxis mit dem Ziel, jegliche Ungewissheiten zu verbannen und die menschliche Natur zu zähmen. Und das gab es so auch nicht bei Machiavelli – ihm war es darum gegangen, aus der theologisch begründeten Feudalhierarchie eine rational begründete Feudalhierarchie, aus der Analyse eines chaotischen »Urzustands« eine stabile, menschengemachte Ordnung abzuleiten. Bei Morus hingegen finden wir keinerlei Analyse der menschlichen Natur oder irgendwelcher Urzustände – hier *entspricht* die menschliche Natur der politischen Ordnung, entwickelt jeder seine individuellen Interessen in Übereinstimmung mit den Interessen der Allgemeinheit (auch den König »wählen« die Inselbewohner »in ihrem eigenen, nicht in des Königs Interesse«). Ja, alles was die Menschen auf ihrer Insel tun, tun sie in vollkommener Übereinstimmung mit sich selbst, wie der Reisende tief beeindruckt feststellt:

Vergnügen nennen die Utopier jede Bewegung und jeden Zustand des Leibes und der Seele, in denen die Natur uns mit Behagen verweilen heißt. Nicht ohne Grund fügen sie hinzu, dass die Natur danach verlange. Denn »von Natur« ist alles das wohlgefällig, was weder auf dem Wege des Unrechts begehrt wird noch etwas Angenehmes unmöglich macht, noch Mühe und Arbeit im Gefolge hat, alles also, wonach nicht nur das sinnliche Begehren, sondern auch die gesunde Vernunft verlangt.

Mit diesen Sätzen initiierte Morus eine politische Debatte, die sich bis heute um die Frage dreht, ob man auf Erden eine »perfekte« Gesellschaftsordnung errichten kann oder ob die menschliche Natur dem nicht grundsätzlich entgegensteht, und je nach politischem Standort ist der Begriff »Utopie« positiv oder negativ besetzt; was für Bloch die »Antizipation einer besseren Welt« ist, ist für Popper nichts Geringeres als der »Kern des totalitären Denkens«. Diese Debatte hat sich allerdings von dem zugrunde liegenden Text weit entfernt.

Denn die tatsächlich geschichtsmächtige Kraft von *Utopia* liegt nicht in der Beschreibung einer perfekten Ordnung – hätte Morus an eine solche wirklich geglaubt, hätte er wie Platon oder Machiavelli ein politiktheoretisches Traktat verfasst. Sie liegt im Ort »Utopia« selbst, der sich außerhalb des bekannten Raumes – und damit außerhalb der bekannten Zeit – befindet und in Form einer Geschichte präsentiert wird: das Bild einer Insel, die alles umfasst, was »Welt« ist, und auf der sich der Mensch alles, was »Welt« ist, aneignet. Man muss Morus' Satz, dass von Natur aus alles wohlgefällig ist, wonach die Vernunft verlangt, vor dem Hintergrund dieses Bildes lesen: Auf seiner Insel formt der Mensch die Natur nach seinen Maßgaben und seinen Wünschen, und es ist völlig richtig, dass er das tut, weil es genau dieser Natur entspricht. Auf seiner Insel beansprucht der Mensch nicht nur den Teil der Geschichte, den ihm Gott oder ein anderes magisches Wesen gnädigerweise zur Verfügung stellt, sondern er beansprucht die *ganze* Geschichte (Religion ist in Morus' Staat, um mit Luhmann zu sprechen, ein Subsystem unter anderen). Und genau das macht *Utopia* zum ersten großen Zukunftstext der Geschichte: Es ist der Blick in einen Raum, den der Mensch selbst gestaltet, weil es ihm zusteht, und den er so gestaltet, wie er das möchte. Dieser Raum – das »Nirgendwo«, der »Nicht-Ort« – ist die Zeit, auch wenn er nicht so genannt wird: die Vorstellung von dem, was wir einmal aus der Welt machen können.

Es überrascht nicht, dass in einem vom Christentum durchdrungenen Europa – die indigenen Völker der Neuen Welt sollten bald erfahren, *wie* christlich die Europäer waren – eine derart radikale Idee in das Reich des Fantastischen, ja Absurden verbannt und die »Utopie« zum Synonym für das ewig Unerreichbare erklärt wurde. Aber der Geist war aus der Flasche: Hundert Jahre nach Morus machte Francis Bacon, auch er ein englischer Lordkanzler, in seinem (Fragment gebliebenen) *Neu-Atlantis* die Prämisse des neuzeitlichen Denkens, dass menschliches Erkennen und menschliche Macht einander bedingen, nicht nur zur Organisationsgrundlage seiner »idealen« Gesellschaft, sondern münzte sie ganz konkret in einen Handlungsauftrag um: Menschliches Erkennen *ist* bereits menschliches Handeln. *Neu-Atlantis* nennen wir »Utopie«, aber wenn wir den Text genau lesen, erkennen wir darin die Wegbeschreibung, die Landkarte, das Navigationsgerät für unsere Reise in die Zukunft: Bacon wollte den Menschen zeigen, wie die technisch-wissenschaftliche Revolution konkret umgesetzt werden kann, wenn man das nur wirklich will. Er wollte den Menschen zeigen, dass die Insel keine Insel mehr war – die Insel war nun die ganze Welt.

Und so brachen die (europäischen) Menschen in die Zukunft auf. Im Laufe der nächsten zweihundert Jahre wurde nicht nur der Planet erschlossen, wurden nicht nur bisher unbekannte wissenschaftliche Kräfte entfesselt und biblische Zeitvorstellungen durch geologische Erkenntnisse verworfen, es wurde den Menschen auch bewusst, dass es tatsächlich ein geschichtliches, also von ihnen gemachtes »Vorher« und »Nachher« gab, dass sich noch zu ihren Lebzeiten die Welt durch menschliche Aktivitäten fundamental verändern konnte. Die Zukunft war nun eindeutig mehr als lediglich »zukünftige Ereignisse«: die Zukunft war die Richtung, die diese Ereignisse nahmen, die Richtung, die die Menschen den Ereignissen gaben. Wie Lessing 1780 in *Die Erziehung des Menschengeschlechts* schrieb, war eine Zeit angebrochen,

> da der Mensch, je überzeugter sein Verstand einer immer bessern Zukunft sich fühlet, von dieser Zukunft gleichwohl Beweggründe zu seinen Handlungen zu erborgen, nicht nötig haben wird; da er das Gute tun wird, weil es das Gute ist, nicht weil willkürliche Belohnungen darauf gesetzt sind ...

Folgerichtig wimmelt es im achtzehnten Jahrhundert nur so von Utopien im Morus'schen und Bacon'schen Stil (mit *Gullivers Reisen* erscheint sogar die erste Satire auf das Genre), und je weiter die Erde erschlossen wird, desto öfter weichen die Autoren auf noch unbekannte Räume, das Erdinnere oder die Sterne, aus – bis 1771 schließlich ein Roman erscheint, der den Raum nicht mehr nur metaphorisch zur Zeit macht, sondern buchstäblich: *Das Jahr 2440* von Louis-Sébastien Mercier. Obwohl diese Utopie nun ganz eindeutig ein Produkt der Fantasie war und nicht mehr mit einem wo auch immer angesiedelten Ort in der Realität abgeglichen werden konnte, war sie ein durchschlagender Erfolg (und in den zahlreichen Neuauflagen wurde das Buch immer dicker, denn der Autor fügte regelmäßig Hinweise auf technische Neuerungen hinzu, die es im Laufe der Jahre gegeben hatte, um die »Glaubwürdigkeit« seiner anderen Prognosen zu unterstreichen). Die Zukunft, davon waren immer mehr Menschen in allen Schichten der Gesellschaft überzeugt, war kein fantastisches oder göttliches Irgendwann mehr, die Zukunft war tatsächlich erreichbar: eine Zukunft, die die

Menschen in ihrem Sinne gestalten würden (der deutsche Übersetzer bezeichnete Merciers künftiges Paris folglich auch nicht als »Utopie«, sondern als »Projekt« oder »Plan«).

Nicht mehr Gott, sondern »die Weltgeschichte ist das Weltgericht«, wie es bei Schiller und dann bei Hegel heißt – und das wurde sie tatsächlich: Achtzehn Jahre nach Mercier (der sich später brüstete, auch *dieses* Ereignis vorausgesagt zu haben) fegten die französischen Revolutionäre eine Ordnung hinweg, von der man eigentlich angenommen hatte, sie würde ewig bestehen, da sie ja von Gott so gewollt war. Von nun aber würde nur noch dasjenige Bestand haben, das vom Menschen gewollt war; die Französische Revolution, ein Ereignis, von dem Kant sagte, dass »es sich nie vergessen wird«, war die zu Geschichte gewordene Zukunft. Ja, beinahe alles, was zuvor »utopisch« genannt wurde, war plötzlich Wirklichkeit geworden – wissenschaftlich, technisch, ökonomisch, sozial – und vermittelte das Morus'sche Gefühl, dass wir uns auf Erden eine Welt bauen können, wie sie uns gemäß ist.

Aber können wir das wirklich? Erzeugte all das – die politischen Revolutionen, das beginnende Zeitalter der Massen, der aufkommende Kapitalismus, die Dampfmaschine, der Magnetismus, die Elektrizität – nicht auch ein ganz anderes Gefühl: nämlich dass dieser Weltenbau unheimliche, sogar gefährliche Folgen zeitigen könnte?

Die Utopisten hatten, wie später in ihrer Nachfolge viele andere Zukunftsschriftsteller auch, nie irgendwelche Hoch- oder Wahrscheinlichkeitsrechnungen angestellt, ihre Zukünfte benötigten eben keine »Begründungen«, wofür sie insbesondere Marx immer wieder scharf kritisierte. Dies blieb einer anderen Strömung von Zukunftsinteressierten überlassen, aus der sich das entwickeln sollte, was heute »Zukunftsforschung« heißt: den Statistikern, Sozialwissenschaftlern, Mathematikern, Ökonomen. Einer von ihnen, der britische Nationalökonom und Sozialphilosoph Thomas Malthus, extrapolierte 1798 einige Basisdaten – das zur Verfügung stehende Land, das Bevölkerungswachstum – und kam zu beängstigenden (letztlich falschen, aber das spielt keine Rolle) Ergebnissen. Wenn das so weitergeht, wird die Zukunft kein angenehmer Ort – das war Malthus' zentrale Botschaft, die um 1800 herum heftig debattiert wurde. »Wenn das so weitergeht« etablierte sich damit als festes Prinzip nicht nur der systematischen Zukunftsschau, sondern auch als Anknüpfungspunkt für die Literaten, die aus den zahllosen Veränderungen, die die Gesellschaft erschütterten, ihre eigenen Schlüsse zogen. Wenn das so weitergeht, dachte sich Anfang des neunzehnten Jahrhunderts eine junge englische Autorin und ließ ihren Romanhelden sagen:

Als ich an die Fortschritte dachte, die tagtäglich in Wissenschaft und Technik erzielt werden, sah ich Anlass zur Hoffnung, dass meine gegenwärtigen Versuche zumindest die Grundlage für zukünftige Erfolge bilden würden. Ich konnte in der Ungeheuerlichkeit und Komplexität meines Plans auch keineswegs ein Argument gegen seine Durchführbarkeit erkennen. Dies waren meine Ansichten, als ich damit begann, ein menschliches Wesen zu erschaffen.

Es ist ein Kuriosum, dass eine literarische Strömung, die Romantik, die weitaus mehr an der Vergangenheit als an der Zukunft interessiert war, das nach Morus zweite große Zukunftsbild der Menschheitsgeschichte hervorbrachte: Mary Shelleys *Frankenstein*. Ihre (beziehungsweise Frankensteins) »Kreatur«, der »Unhold«, das »Monster« ist nämlich kein aus Lehm geschaffenes oder mit Zaubersprüchen beschworenes Fantasiewesen, wie man es gemeinhin kannte: Das Monster wird durch Elektrizität zum Leben erweckt, jener geheimnisvollen Kraft, die die Welt damals in Staunen versetzte, und es besteht auch nicht aus irgendeinem magischen Material, sondern aus Menschenteilen. Wir erzeugen das Monster – und es ist aus uns gemacht.

Frankenstein (später fälschlicherweise dem Horror-Genre zugeschlagen) ist ein Text, in dem sich das bündelt, was von nun an der ständige Begleiter des Menschen auf seinem Weg in die Zukunft sein sollte: die Angst, dass uns die Kräfte, die wir zu beherrschen versuchen, in den Abgrund reißen könnten. Natürlich war den Propagandisten des »Fortschritts« – das Wort kam etwa zur selben Zeit in Mode – bewusst, dass ebendieser Fortschritt ihm spezifisch zuzuordnende Verfallserscheinungen reproduzierte: der Verlust der natürlichen Unschuld, Dekadenz, ja, vielleicht sogar Katastrophen. Aber *Frankenstein* hielt uns erstmals bildlich vor Augen, dass wir uns in der von Morus entgrenzten Welt *selbst* Grenzen setzen: unsere Gier, unsere Hybris, unser Machbarkeitswahn – Freud sollte hundert Jahre später das individualpsychologische Vokabular dafür liefern.

Hier waren nun die beiden Monster der neuen Zeit, die beiden Monster der Zukunft: die Insel (der Planet Erde, später auch andere Planeten), auf der die Menschen sich ihre eigene grenzenlose Welt bauen; und die innere Begrenztheit dieser Welt (die Abgründe in uns selbst), die den Menschen als von Menschen gemachter Dämon heimsucht. Und noch heute gibt es keinen Zukunftstext, keine Zukunftsdebatte, kein Zukunftsdenken, in dem man nicht eines dieser Monster oder gleich beide zusammen wiederentdecken kann – noch heute leuchtet die Zukunft, leuchtet der Fortschritt in diesem doppelten Licht.

7   Vorwärts, rückwärts

Aber »Fortschritt«, wie »Zukunft« ein geschichts-
mächtiger Kollektivsingular, wurde gemacht, und seine apo-
retische Gestalt wurde zu seinem eigentlichen Selbstverständnis: Angesichts sich ständig neu ergebender Faktoren
mussten die Zielbestimmungen eben regelmäßig neu definiert werden; wie einst Condorcet sagte: »Die Grenzen der
verschiedenen Fortschritte sind nur die Fortschritte selber.«
Wir nähern uns nun dem Ende des neunzehnten Jahrhunderts: Der Fortschritt hatte kein bestimmtes Ziel, sondern
war ein Prozess der ständigen Veränderung; und die Zukunft war nicht nur ein Raum, auf den der Mensch zuging,
sie war ein prinzipiell offener, sogar unendlicher Raum: von
jetzt bis »irgendwann«. In dieser Zukunft konnte *alles* geschehen, und so entwickelten sich die Zukunftsromane, die
wie Pilze aus dem Boden schossen, auch in alle Richtungen:
Es gab vor utopischen Einfällen nur so strotzende »Berichte
aus der Zukunft« ebenso wie düstere Szenarien vom Ende
der Menschheit. Eines allerdings stand nicht mehr in Ab-
rede: dass wir es sind, die diese Zukunft gestalten, dass wir
es sind, die sich in dieser Zukunft behaupten müssen.

So erfasste ein wahrer Zukunftsrausch die Gesellschaft,

die Zukunft wurde beschrieben, berechnet, gefürchtet, herbeigesehnt. Und es waren nicht nur die zahlreichen Bestseller der Zukunftsschriftsteller wie Edward Bellamys *Rückblick aus dem Jahre 2000* oder William Morris' *Kunde von Nirgendwo*, die die erklärten Ziele der wissenschaftlich orientierten Weltgestaltung – Wohlstand, Sicherheit, Freizeit – als unmittelbar erreichbar darstellten, auch jene Denker, die in Nachfolge von Marx und Engels vorgaben, eigentlich gar nicht an der Zukunft interessiert zu sein, schürten die Hoffnung auf eine Zukunft, die nach den strengen Regeln der Geschichte nicht nur die Weltrevolution bringen würde, sondern auch das »Bessere« an sich. »Wir kämpfen für die Tore des Himmels«, rief Karl Liebknecht. Und hier noch einmal Bebels *Die Frau und der Sozialismus*:

Keine Klasse, keine Staatsgewalt ist am Anfang des zwanzigsten Jahrhunderts mehr stark genug, die natürliche Entwicklung der Gesellschaft zurückhalten oder eindämmen zu können. Jeder Versuch endet mit einem Misserfolg. Der Strom der Entwicklung ist so stark, dass er jedes Hindernis überrennt. Nicht rückwärts, sondern vorwärts heißt die Losung und ein Geprellter ist, wer noch an Hemmung glaubt.

Vorwärts also hieß die Losung: Zu keinem anderen Abschnitt der Menschheitsgeschichte entsprach dieser Wunsch, in die Zeit voranzustürmen, so sehr dem Voranstürmen in den Raum, erzeugte die Dynamik und Dramatik der technischen Veränderungen eine so fundamentale geschichtliche Dynamik und Dramatik (»Abenteuerliche Dampfer, die am Horizont entlang gleiten … Tiefbrüstige Lokomotiven, deren Räder nach den Schienen greifen … Der geschmeidige Flug der Aeroplane«, schrieb Marinetti 1909 in seinem berühmt-berüchtigten *Futuristischen Manifest*). Und was in den USA mittels Taylorismus und Fordismus und freiem Erfindergeist zu einer beispiellosen Epoche der Fortschrittssteuerung wurde, sollte bald darauf vom erklärten weltanschaulichen Gegner mit anderen Mitteln nachgemacht werden: »Kommunismus ist die Herrschaft der Sowjets und die Elektrifizierung des Landes«, so die Lenin'sche Fortschrittsformel. Dazwischen aber versank diese glorreiche Zukunft in politischem Blutrausch und industrialisiertem Stellungskrieg – rückwärts hieß die Losung, in den Zukunftsromanen hob einmal mehr das von Menschen gemachte Monster sein bleiches Haupt, und Oswald Spengler schloss seine historische Studie *Der Untergang des Abendlandes* mit dem ins Abgründige gekehrten Schiller- und Hegelsatz: »Die Weltgeschichte ist das Weltgericht.«

Die Zukunft als Sehnsuchts- und als Schreckensort – kein anderer Schriftsteller prägte diese doppelte Vorstellung des Kommenden in jenen Jahren so sehr wie H. G. Wells. Er hatte Ende des neunzehnten Jahrhunderts mit *Die Zeitmaschine* nicht nur eine bis dahin unbekannte Zukunftstiefe ausgelotet und das erschreckende Zukunftsbild einer biologisch in Herren und Knechte aufgespaltenen Menschheit entworfen, er war auch selbst eine Art Zeitreisender, der seinem Publikum das Gefühl vermittelte, er kenne – anders als Jules Verne, der sich auf technisch-wissenschaftliche Aspekte fokussierte – die *ganze* Zukunft. Mensch, Natur, Forschung, Technik, Wirtschaft, Gesellschaft – Wells ließ keinen Themenbereich aus und erhob, wie wir gesehen haben, als erster den Anspruch, die Zukunft »wissenschaftlich« zu erforschen. Und er war auch der Erste, der sich nicht nur theoretisch obsessiv der Zukunft annahm, sondern auch praktisch; als Mitglied der englischen Fabian Society arbeitete er daran, seine große Vision von sozialistischem Weltstaat und Weltplanwirtschaft Wirklichkeit werden zu lassen, erst recht nach dem Ersten Weltkrieg. Denn die Losung hieß wieder vorwärts – immerhin hatte sich die Revolution nun tatsächlich ereignet, nicht ganz so, wie sich Marx und Engels das vorgestellt hatten, aber dennoch als welthistorisches Ereignis erster Güte. Für Wells allerdings nur ein erster Schritt, er wollte eine »bessere« Zukunft für die ganze Welt.

Um diese Zukunft, also um die Frage, wie man diese Zukunft erreichen könnte, mit den führenden Politikern seiner Zeit zu diskutieren, reiste Wells (er war damals auch Vorsitzender des englischen PEN-Clubs) Anfang der 1930er-Jahre erst nach Washington zu Präsident Roosevelt und dann nach Moskau zu Stalin; sowohl im New Deal als auch im Kommunismus sah er geeignete Ansätze für seine Vorstellungen, vor allem aber wollte er die beiden Politiker auf ein gemeinsames Ziel einschwören. Doch gerade der Besuch in Moskau sollte jenen Moment markieren, in dem zwei Zukünfte wie Kontinentalplatten aufeinanderprallten und sich ineinander verkeilten. Der Moment, in dem es weder vorwärts noch rückwärts ging, sondern nur noch abwärts.

Moskau, der 23. Juli 1934: H. G. Wells ist zu Gast im Kreml, und es geht, wie zuvor schon im Weißen Haus, um die Frage, wie die »neue Gesellschaft« geschaffen werden sollte. Wer soll dafür zuständig sein? Stalin sagt (kaum überraschend): das Proletariat, die Arbeiter. Wells erwidert: die Techniker, die Ingenieure – denn wer eine komplizierte Maschine bauen kann, sollte auch ein so kompliziertes Gebilde wie einen Staat lenken können. Worauf Stalin bemerkt:

> Können wir wirklich die Tatsache vernachlässigen, dass es, um die Welt zu verändern, politischer Macht bedarf? Mir scheint, Mr. Wells, dass Sie die Machtfrage stark unterschätzen, ja, dass sie Ihrer Konzeption gänzlich abhanden gekommen ist.

Wir kennen den Verlauf dieses Gesprächs, weil es mitprotokolliert und später sogar als schmales Buch veröffentlicht wurde, und auch wenn die nachträgliche Redaktion einiges abgeschwächt oder verändert haben sollte, ist das Knirschen der Kontinentalplatten unüberhörbar: Die Zukunft, die sich ein einzelner Intellektueller – wie so viele andere Intellektuelle – so wunderbar zusammenkonstruiert hatte, prallte auf die Zukunft der Massen, der Armeen, der *Macht*. Denn abgesehen davon, dass Wells einem Mann gegenübersaß, der sich in Machtfragen bestens auskannte (als die beiden miteinander sprachen, hatte Stalin längst die Namen jener gesammelt, die später dem Großen Terror zum Opfer fallen sollten): die Wells'sche Zukunftsvision basierte tatsächlich konsequent auf der Verwissenschaftlichung des Politischen. Manager, Techniker, Experten – eine neue Elite sollte die Angelegenheiten des Staates regeln, seien es »moderne Samurai« wie in dem Roman *A Modern Utopia* oder die »Vereinigten Flieger der Welt« wie in dem »Sachbuch« *The Shape of Things to Come*. Nicht nur Stalin empfand das als reichlich naiv, auch viele von Wells' Schriftstellerkollegen teilten diese Vorstellung einer die Menschheit beglückenden Technokratie keineswegs: In *Schöne neue Welt* von 1932 hatte etwa Aldous Huxley eine derartig durchtechnisierte und -hierarchisierte Gesellschaft in all ihren finsteren Details beschrieben. Und ein anderer Autor namens George Orwell warf Wells nicht nur Naivität, sondern nachgerade Blindheit gegenüber jenen politischen Kräften vor, die dabei waren, die Zukunft unter sich auszumachen. In einem Essay schrieb Orwell:

> Die Kraft, die in Wirklichkeit die Welt formt, entspringt Emotionen – Rassenstolz, Führerverehrung, religiösem Glauben, Kriegsliebe –, die liberale Intellektuelle mechanisch als Anachronismen abschreiben … Finstere Geschöpfe aus dem Mittelalter sind in die Gegenwart heraufgezogen, und wenn es Gespenster sind, so jedenfalls solche, die zu bannen es einen starken Zauber braucht.

Es hat durchaus eine gewisse Tragik, dass sich der Autor von *Die Zeitmaschine* und *Die Insel des Dr. Moreau* – Texten, denen man beim besten Willen keinen naiven Optimismus vorwerfen kann – in den 1930er- und 1940er-Jahren so sehr in seinem Wunschdenken eingesponnen hatte, dass er von der zukunftsformenden Kraft der Ideologien nichts wissen wollte (erst kurz vor seinem Tod 1946 bekannte Wells sich zu diesem Irrtum und schrieb mit *Mind at the End of its Tether* einen bitteren Abgesang auf die Menschheit). Tragisch auch deshalb, weil diese Ideologien, so mittelalterlich sie auch anmuteten – sowohl Nationalsozialismus als auch

Stalinismus hatten, wie Martin Amis einmal sagte, »die Unbarmherzigkeit zur Tugend erklärt« –, ihrerseits ganz und gar von der Zukunft, vom Fortschritt besessen waren. Nicht dass ihre Propagandisten wirklich wussten, wohin der »gestiefelte Marsch der Weltverbesserer« (Peter Sloterdijk) gehen sollte, Hauptsache war, dass marschiert, dass ein ständiger Aufbruch, eine nie endende Aneignung von Raum und Zeit signalisiert, inszeniert und letztlich auch vollzogen wurde. »Die Zukunft«, wie dogmatisch oder utopisch auch immer, wurde zu einer eigenen politischen Kategorie, zum Selbstzweck, letztlich zum Vorwand, den Staat in ein Mordinstrument zu verwandeln. »Wenn Sie ein Bild von der Zukunft haben wollen, dann stellen Sie sich einen Stiefel vor, der auf ein Gesicht tritt – unaufhörlich«, schrieb Orwell, der anders als Wells die Zeichen an der Wand erkannt hatte, später in *1984*.

Mit dem Zusammenbruch der einen Ideologie 1945 – »die wahre Logik dieses Dynamismus war die totale Niederlage«, so Camus – und der quälerischen Transformation der anderen in eine totalitäre Bürokratie, die zwar noch über vier Jahrzehnte Bestand haben sollte, aber mit der sich immer weniger Zukunftshoffnungen verbanden, verschwand auch die Vorstellung, man könne die Zukunft einer einzigen großen Idee unterordnen, eine Vorstellung, der sowohl die Ideologen als auch H. G. Wells – und mit ihm unzählige andere Zukunftsdenker jener Jahre – angehangen hatten.

Blieb nur die Frage: Was sollte man mit diesem riesigen Raum, den sich die Menschen in den Jahrhunderten davor so mühsam erschlossen hatten, was sollte man mit der Zukunft nun anfangen?

8 Die permanente Revolution

Die Antwort auf diese Frage kam aus einer denkbar unwahrscheinlichen Richtung. Die Antwort kam aus der Science-Fiction. Und sie klang so:

Als die Schwingungen im Laboratorium nachließen, erhob sich der hochgewachsene Mann aus seinem Glasstuhl und kontrollierte die komplizierte Apparatur auf dem Arbeitstisch. Er warf einen flüchtigen Blick auf den Kalender. Es war der 1. September des Jahres 2660 ... Er gähnte und dehnte und streckte sich in seiner ganzen Länge; er war viel größer als die Durchschnittsmenschen seiner Epoche und beinahe so groß wie die hünenhaften Marsbewohner. Doch seine physische Überlegenheit besagte wenig, wenn man sie mit der seines Geistes verglich. Ralph 124C41+ war nicht nur eine Leuchte der Wissenschaft, sondern einer der 10 ausgewählten Männer des Planeten Erde, denen gestattet war, hinter dem Namen ein Pluszeichen zu führen. Er trat zum in die Wand eingelassenen Televisor und drückte einige Knöpfe. Fast gleichzeitig leuchtete der Bildschirm auf, und auf ihm erschien das Abbild eines etwa dreißigjährigen glattrasierten Mannes mit ernstem Gesicht. Als der Gerufene in seinem eigenen Televisor den Anrufer erkannte, lächelte er breit und sagte: »Hallo, Ralph.«

Mit diesen Sätzen beginnt der Roman *Ralph 124C41+* von Hugo Gernsback aus dem Jahre 1925. Kaum jemand erinnert sich heute noch an diesen Text, und was Stil und literarische Kraft betraf, konnte er es auch in keiner Weise mit den Romanen eines H. G. Wells aufnehmen. Aber Hugo Gernsback war nicht nur Science-Fiction-Autor, er hat dieses Genre mehr oder weniger überhaupt erst erfunden. Ein gebürtiger Luxemburger, den es in die USA verschlagen hatte, gründete Gernsback in der Neuen Welt jede Menge populärwissenschaftliche Magazine vor allem für Radiointeressierte, in die er immer mal wieder »wissenschaftlich orientierte« Geschichten einstreute, also Geschichten wie die von Wells, Verne oder auch Edgar Allen Poe, die ihn selbst so begeisterten. Und er hatte damit so großen Erfolg, dass aus den Radiobastlermagazinen schon bald reine Storymagazine mit Titeln wie *Amazing Stories* oder *Science Wonder Stories* wurden und ein Name für das junge aufregende Genre benötigt wurde: Science-Fiction.

Heute ist das Label »Science-Fiction« nicht mehr wirklich adäquat für eine Spielart der Literatur, die das abdecken will, was zwar nicht realistisch, aber eben auch keine Fantasy ist, doch als Hugo Gernsback es in den 1920er-Jahren prägte, traf es den Nagel auf den Kopf: Die Geschichten, die er damit meinte und in seinen Magazinen mit Kräften förderte, sponnen tatsächlich aus spektakulären wissenschaftlichen Entdeckungen ein noch spektakuläreres wissenschaftliches Garn und malten ein Zukunftsbild, das sich weniger um die kommende Gesellschaft kümmerte als um Dinge wie Videophone und Flugautos, Röntgenstrahlen und Gedankenübertragung, Mondstationen und unbegrenzte Energie. Gernsbacks eigener (und einziger) Roman *Ralph 124C41+* ist diese Zukunft in Reinkultur: eine Frage der Technik, der Fortbewegung, der Infrastruktur, der Modifizierung von Körper und Geist. Das Bacon'sche Echo war hier deutlich zu vernehmen – *Neu-Atlantis* ist technisch verblüffend hellsichtig: es werden U-Boote, Flugzeuge und sogar genetische Manipulationen an Mensch und Tier beschrieben –, aber dreihundert Jahre später bemühten sich seine Erben noch nicht einmal mehr darum, daraus eine soziale Praxis abzuleiten – die soziale Praxis schien nun gänzlich obsolet zu sein.

Und das kam so: Während in Europa in den 1930er- und 1940er-Jahren um die gesellschaftliche Zukunft erst heftig debattiert und dann gekämpft wurde, stürzte man sich in den USA auf eine Zukunft, in der derartige Auseinandersetzungen nur kurzfristige Verirrungen auf dem Weg der Menschheit in eine glorreiche, von Wissenschaft und Technik, von *Wissen* an sich beherrschte Zeit waren. Die Zukunft war der Rausch des technisch Machbaren. Aber nicht mehr so wie bei H. G. Wells, der die Lösung gesellschaftlicher Probleme mit technischen Mitteln propagiert hatte – in dieser neuen Zukunft gab es gar keine gesellschaftlichen Probleme mehr und wenn es sie gab, galten sie als rückständig. Noch Jahrzehnte später finden wir den

Geist dieser Jahre in Arthur C. Clarkes Sachbuch *Profile der Zukunft*:

> Ich glaube – und hoffe –, dass Politik und Wirtschaft in der Zukunft nicht mehr so wichtig sein werden wie in der Vergangenheit. Die Zeit wird kommen, wo die Mehrzahl unserer gegenwärtigen Kontroversen auf diesen Gebieten uns ebenso trivial oder bedeutungslos vorkommen werden wie die theologischen Debatten, an welche die besten Köpfe des Mittelalters ihre Kräfte verschwendeten. Politik und Wirtschaft befassen sich mit Macht und Wohlstand, und weder dem einen noch dem anderen sollte das Hauptinteresse oder gar das ausschließliche Interesse erwachsener, reifer Menschen gelten.

Es ist wohl kein Zufall, dass sich dieser Geist damals vor allem in den USA entwickelte (auch hier mit einem Widerhall in der sowjetischen »wissenschaftlichen Fantastik«). Immerhin war es das »Goldene Zeitalter« der Erfinder und Ingenieure, der Maschinenbauer und Logistiker, all jener, die die Welt als Artefakt sahen und die USA als das verheißene Land der Technologie. Auch die Science-Fiction sieht in jenen Jahren rückblickend ihr »Goldenes Zeitalter«, nicht weil die Texte damals literarisch so bahnbrechend gewesen wären (das Genre ist in dieser Hinsicht durch eine harte Schule gegangen), sondern weil damals eine Zukunft geprägt wurde, deren Klang, deren »Botschaft« bis heute Wirkung zeigt. Denn so sehr wir uns beim Betrachten der Science-Fiction-Magazine jener Zeit auch amüsieren – all diese lustigen Raketenmenschen, diese strahlenden Bügeleisen, diese fliegenden Zigarren auf den Covern –, sie hatten eine durchschlagende Wirkung auf die Art und Weise, wie fortan über die Zukunft nachgedacht werden sollte: in technischen, besser: technokratischen Kategorien. Auf die Art und Weise, wie *heute* über die Zukunft nachgedacht wird.

Das glauben Sie nicht? Dann fragen Sie einfach Freunde und Bekannte nach ihrem Zukunftsbild: Es wird nicht lange dauern, bis man bei fliegenden Autos, Weltraumtouristen, Künstlichen Intelligenzen, Cyborgs, Telemedizin und submolekularer Manipulation angelangt ist. Unzählige Filme (nicht nur Spiel-, vor allem auch Werbefilme) haben dieses Bild in den Jahrzehnten seit Gernsback perpetuiert und propagiert, und die überwältigende Mehrzahl aller Bücher, die sich seit Gernsback mit »der Zukunft« beschäftigten, haben den Schwerpunkt auf Wissenschaft und Technik gelegt (sehr häufig wurden sie auch von Wissenschaftlern und Technikern geschrieben). Wer heute »futuristisch« sagt, meint »technisch fortgeschritten«.

Und warum auch nicht? Immerhin helfen uns Wissenschaft und Technik, die Welt so zu organisieren, dass wir nicht nur länger, sondern auch weitaus angenehmer leben als noch vor zweihundert Jahren (von den düsteren Epochen davor gar nicht zu sprechen). Und immerhin sind Wissenschaft und Technik ein sprudelnder Quell des Staunens über die Beschaffenheit und Manipulierbarkeit des Universums, in dem wir uns befinden; schon Tommaso Campanella malte sich zu Bacons Zeiten in seiner Utopie *Der Sonnenstaat* andächtig aus, wie die Schiffe »durch die Wasser kreuzen, ohne Ruderer und ohne die Kraft des Windes, nur durch eine wunderbare Vorrichtung«. Doch es gibt dabei ein Problem, über das sich Arthur C. Clarke bestimmt im Klaren war, als er *Profile der Zukunft* schrieb – er entschied sich einfach nur, es zu ignorieren. Das Problem ist: Es sind gerade Politik und Wirtschaft, diese, laut Clarke, »trivialen, bedeutungslosen« Beschäftigungen, die auf Wissenschaft und Technik setzen, um das Spiel um »Macht und Wohlstand« überhaupt erst spielen zu können. Das Problem ist: Die Formel »Hier die gute Technik, da die schlechte Politik« ging so nie auf, geht so nie auf und wird so nie aufgehen. (Noch nicht einmal, wenn wir unseren Geist dereinst in ein elektronisches Nirwana transferieren, woran ja der eine oder andere Futurist unserer Tage durchaus glaubt: Wer programmiert denn dieses Nirwana? Wer sorgt für die nötige Energie? Wem *gehört* es?) Gerade in den 1950er-Jahren, der Blütezeit der Science-Fiction, ging es in der Politik darum, dem jeweiligen ideologischen Widersacher die technische Überlegenheit zu beweisen: Wer hat die größte Rakete, das leistungsfähigste Atomkraftwerk, die effizienteste Kohleförderung? So unterschiedlich die beiden Systeme auch waren, beide setzten nach dem Zweiten Weltkrieg auf die Steigerung des Wohlstands durch technische Errungenschaften. Kein Zufall, dass genau zur selben Zeit die technokratische Variante der Futurologie entstand: die Absicht, diese Steigerung weniger »wissenschaftlich« als planerisch-prospektiv zu begleiten, ja, nach Kräften zu fördern. Wie Zwillinge, die sich in ganz verschiedene Richtungen entwickeln, aber dieselbe genetische Ausstattung in sich tragen, sahen Science-Fiction und Futurologie in jenen Jahren eine vom Menschen und seinen technischen Möglichkeiten beherrschbare Zukunft voraus. Eine Zukunft, die wir, was immer da kommen mag, schon in den Griff kriegen werden.

Inzwischen sind seit Hugo Gernsback an die hundert Jahre vergangen und nicht nur die Science-Fiction hat einen gewissen Abstand zu den Machbarkeits- und Beschleunigungsfantasien der frühen Jahre gewonnen. Aber hätte Gernsback sich damals mittels irgendeiner Supertechnik eben mal in unsere Zeit katapultiert, er hätte sich mit ziemlicher Sicherheit *verstanden* gefühlt. Denn heute leben wir in dieser von seinen Science-Fiction-Magazinen antizipierten Welt: Einer Welt, in der alles mit allem vernetzt ist, in der die Luft von abrufbaren Informationen vibriert, in der Autos selbst einparken und Kühlschränke mit uns sprechen. Eine Welt, in der wir über Dinge reden, Dinge *tun*, die vor nicht allzu langer Zeit noch, ganz genau, »Science-Fiction« waren: Hätten Sie vor zehn Jahren jemanden sanft über einen Computerbildschirm streicheln sehen, hätten Sie ihn für durchgeknallt gehalten – heute sind Sie selbst dieser Jemand. Und morgen?

Morgen erleben wir noch mehr Science-Fiction: Eben hat Tom Cruise in *Minority Report* digitale Bilder nicht mehr nur über den Bildschirm geschoben, sondern durch die Luft bewegt, und schon arbeiten die Techniker genau an einer solchen Apparatur; eben war die neueste Handy-Generation die »Zukunft der Kommunikation«, schon wird sie wieder abgelöst; eben waren die Filme noch auf einer kleinen silbernen Scheibe, schon sind sie irgendwo in der »Datenwolke«; eben haben wir noch den Fernseher angesehen, schon sieht der Fernseher uns an. Die permanente Revolution (eigentlich ein Marx'scher Begriff, der hier aber überaus passend ist) der Technik suggeriert, dass die Zukunft eigentlich längst da ist, und wenn noch nicht heute, dann bestimmt morgen, dass wir alles – ich wiederhole mich ungern, aber es geht nicht anders –, was da kommen mag, schon in den Griff bekommen werden. Denn wir reden nicht nur über die Zukunft der Unterhaltungselektronik. Wir reden über die Art und Weise, wie wir arbeiten, wirtschaften, leben werden. Hier ist etwa Freeman Dyson mit seiner Zukunftssicht:

> Es wird Do-it-yourself-Pakete für Gärtner geben, die den Gentransfer zur Züchtung neuer Varietäten von Rosen und Orchideen einsetzen werden. Es wird Biotechspiele für Kinder geben, mit echten Eiern und Samen statt mit Bildern auf einem Schirm. Die Gentechnik, ist sie erst einmal in die Hände aller gelangt, wird uns zu einer Explosion der Biodiversität verhelfen. Das Design von Genomen wird eine neue Kunstform werden, kreativ wie die Malerei und Bildhauerei. Nur wenige der neuen Schöpfungen werden Meisterwerke sein, doch alle werden ihren Schöpfern Freude und unserer Flora und Fauna Vielfalt schenken.

Unabhängig davon, ob das wirklich eine erstrebenswerte Welt ist – »Gentechnik in den Händen aller« klingt reichlich gruselig –, spricht Dyson das aus, was etliche von uns immer noch, immer wieder mit der Zukunft verbinden: dass irgendwann irgendjemand irgendetwas erfinden wird, was uns hilft, die Mühsal des Daseins zu überwinden. Dass eine Welt auf uns wartet, in der wir uns nicht mehr mit so »trivialen, bedeutungslosen« Dingen wie Jobsuche, fiebriger Grippe oder Liebeskummer herumschlagen müssen. Eine Welt, in der sich die Energie auf wundersame Weise erneuert, gigantische Filter die Atmosphäre reinigen und sämtliche menschlichen Bedürfnisse auf Knopfdruck befriedigt werden. Eine Welt, die letztlich nur noch einen gesellschaftlichen Fluchtpunkt kennt: die Aufhebung jeglicher Art von Gesellschaft in der »technologischen Singularität«, jenem (1993 von Vernor Vinge so benannten) Punkt in der Zukunft, an dem all die Dinge, die wir erfinden und zusammenbauen, um unser Leben zu erleichtern, ihr »Leben« selbst in die Hand nehmen, an dem, kurz gesagt, die elektronischen und biologischen Maschinen, die wir produzieren, schlauer werden als wir und ihre eigene Agenda setzen.

Nun, das mag so kommen oder auch nicht – ich wüsste noch nicht einmal, wie man die Wahrscheinlichkeit für ein solches Ereignis ermittelt –, aber darum geht es nicht. Das Problem mit dieser Zukunftssicht ist nämlich, dass sie von gar keiner Zukunft erzählt, jedenfalls von keiner menschlichen Zukunft, und dass sie die eigentliche Zukunft, um die sich die Menschen seit Jahrtausenden bemühen, aus den Augen verliert.

Eine Zukunft, die immer schwerer auf der Gegenwart lastet.

9   Das Gewicht der Zukunft

Wie geht das? Wie kann die Zukunft auf der Gegenwart lasten? War sie nicht eben noch der grenzenlose Raum »vor uns«, den wir erforschen, erobern, besetzen können? Wie Mercier in *Das Jahr 2440* schrieb: »Wo endet die Vervollkommnung des Menschen, der mit Geometrie, den mechanischen Künsten und der Chemie ausgerüstet ist?« Das weiß niemand, aber genau das war und ist die Zukunft für uns: ein gewaltiger Raum, in dem wir nicht nur unsere Sehnsüchte und Ängste deponieren, sondern ganz handfest auch den Abfall der Gegenwart, den Abfall der Geometrie, der mechanischen Künste, der Chemie. Wie viel wiegt *diese* Zukunft? Weggeworfene Autoteile und Fernsehgeräte benötigen 500 bis 1000 Jahre, um zu verrotten; bei Blei dauert es schon 35.000 Jahre; das Kohlendioxid, das wir in die Luft pusten, bleibt uns 100.000 Jahre lang erhalten; radioaktiver Müll strahlt 250.000 Jahre vor sich hin; und noch in 700.000 Jahren könnte man über unsere Hinterlassenschaften aus Plastik stolpern. Aber kümmert uns das? Hat nicht die Menschheit zu jeder Zeit die Zukunft als Müllhalde betrachtet, hat sie nicht zu jeder Zeit eine »neue, wieder unbekannte Zukunft gebildet, um dort die Probleme der Gegenwart zu deponieren« (Niklas Luhmann)? »Irgendwann in der Zukunft« hieß und heißt ja nichts anderes als: Es kann uns egal sein, wer die Schulden bezahlt, wer die Wetterextreme erträgt, wer den Atommüll entsorgt, und so weiter. Ganz nach dem Motto von Thomas Jefferson: »Die Erde gehört immer der gegenwärtigen Generation. Sie kann darüber und was ihr daraus zuwächst in der ihr gegebenen Zeit verfügen, wie es ihr gefällt.«

Nein, kann sie nicht, denn es gibt noch eine andere Zukunft, die vor etwa vierzig Jahren so in unser Bewusstsein trat:

So seltsam es auch klingt: Wenn man nichts unternimmt, diese Probleme zu lösen, geschieht tatsächlich doch sehr viel. Jeder Tag weiterbestehenden exponentiellen Wachstums treibt das Weltsystem näher an die Grenzen des Wachstums. Wenn man sich entscheidet, nichts zu tun, entscheidet man sich in Wirklichkeit, die Gefahren des Zusammenbruchs zu vergrößern.

Dieser Teil aus der Schlusspassage des berühmten Berichts an den Club of Rome *Die Grenzen des Wachstums* von 1972 nimmt praktischerweise schon die Intention des Textes vorweg, die er erst in der auf seine Veröffentlichung folgenden Debatte erhalten sollte: Es ging nicht allein um die Hochrechnung des Bevölkerungswachstums, des Ressourcenverbrauchs, der Flächenversiegelung und so weiter, wovon sich rückblickend einiges als zu pessimistisch und anderes als zu optimistisch erwiesen hat; es ging darum, dass die Zukunft –

unsere Zukunft, die Zukunft, die wir erfinden – gar kein grenzenloser Ort ist, sondern dass wir mit dem, was wir in der Gegenwart tun, die Zukunft verbrauchen. Dass uns all das, was wir in die Zukunft verschieben, eines Tages auf die Füße fallen wird. Dass keine Zukunft umsonst ist.

Die Grenzen des Wachstums wurde zwar ein internationaler Bestseller, aber nach einiger Zeit in der allgemeinen Meinung als eines jener Schreckensbilder von gestern abgehakt, die uns einfach nur Angst einjagen wollen: Frankensteins globales Monster. Und dennoch hat sich durch dieses und andere Bücher, etwa Hans Jonas' *Das Prinzip Verantwortung*, ein neues Zukunftsbild verbreitet, in dem die Zukunft zum ersten Mal als etwas wahrgenommen wurde, das einen Wert (oder ein Gewicht) hat. Seither sind Begriffe und Redeweisen wie »künftige Generationen«, »Nachhaltigkeit« oder »Wir haben die Welt von unseren Kindern nur geborgt« in die öffentliche Diskussion eingesickert; seither hat sich, wie gesehen, die ehemals so technikverliebte Futurologie ein neues Paradigma gegeben; seither finden in regelmäßiger Folge sogenannte »Weltkonferenzen« statt, auf denen es um nichts Geringeres als die Zukunft der Menschheit geht.

Und es klingt ja auch völlig logisch: In einer endlichen Welt *muss* es irgendwo Grenzen des Wachstums geben, und wir sollten uns davor hüten, sie zu überschreiten. Wir sollten also unsere gegenwärtige Lebens- und Wirtschaftsweise so steuern und begrenzen, dass wir den Menschen, die nach uns kommen, nicht eine Lebens- und Wirtschaftsweise zumuten, die mehr mit *Über*leben als mit Leben zu tun hat. Nur wie kommt es dann, dass wir weiter alles dafür tun, diese Grenzen zu überschreiten, ja, einige – etwa beim An-

reichern der Luft mit Abgasen, bei der Reduktion der Fisch-
bestände in weiten Meeresregionen, bei der Nitratausbrin-
gung auf vielen landwirtschaftlichen Nutzflächen – schon
überschritten haben und Nachhaltigkeit hier überhaupt
nicht mehr möglich ist? Wie kommt es, dass sich die Welt
auf den Weltkonferenzen regelmäßig auf praktisch nichts
einigt? *Wollen* wir die Zukunft für unsere Kinder und Enkel
etwa gar nicht bewahren?

Ich will das nicht glauben. Es muss also noch eine andere
Art geben, das Gewicht der Zukunft zu bemessen als die der
Ökologen. Es muss eine Zukunftssicht geben, die trotz
dieser Erkenntnisse der Überzeugung ist, dass sich unsere
Gegenwart der Zukunft gegenüber genau richtig verhält.
Gibt es auch. Es ist diese Zukunftssicht:

Den Angstfaktor, der die Menschen sagen lässt, ›Wir müssen das stoppen‹, akzeptiere ich nicht. Natürlich ist die
Erderwärmung real, aber dafür gibt es technische Lösungen. Und die Änderungen der Niederschlagsmuster,
durch die sich die Ernten verschieben – wir werden uns
daran anpassen …

Sagte 2012 der Chef des amerikanischen Ölkonzerns Exxon-
Mobil Rex Tillerson. Natürlich läge es jetzt nahe, dem Mann
seine Profitgier – immerhin haben sein Unternehmen und
die anderen großen der Öl- und Kohlebranche die noch
übrigen fossilen Energievorkommen des Planeten längst ab-
gesteckt – vorzuwerfen und ihn damit für eine anständige
Zukunftsdiskussion zu diskreditieren. Aber hinter dem auf
den ersten Blick zynischen Satz »Wir werden uns daran an-

passen« versteckt sich eine Zukunftsformel, die nicht davon ausgeht, dass die Zukunft immer schwerer wird, sondern ganz im Gegenteil: immer leichter. Es ist eine ganz klassische Formel aus der Ökonomie: Die Akkumulation von Gütern und Ressourcen in der Gegenwart steigert das Wohlstandsniveau in der Zukunft.

So verstehe ich Mr. Tillerson, wenn er davon spricht, dass wir uns anpassen und technische Lösungen finden werden; so verstehe ich einen britischen Politiker, der zum Thema Fracking den skurrilen Satz »Wir müssen die Schätze in unserem Boden für künftige Generationen ausbeuten« sagt; so verstehe ich eine chinesische Politik, die ihr Wirtschaftswachstum derart hochpeitscht, dass man in Städten wie Peking bald die Luft nicht mehr wird atmen können: Sie alle wissen, dass die zukünftigen Menschen die meisten der negativen Effekte unseres heutigen Tuns erleiden werden, aber wenn unsere Wirtschaft wächst, werden diese zukünftigen Menschen reicher sein als wir und mehr technische Möglichkeiten haben, mit diesen Effekten umzugehen. So ist die Gegenwart seit Morus' oder Bacons Zeiten schon immer mit der Zukunft umgegangen, so ist auch die Zukunft entstanden, die heute unsere Gegenwart ist: Die »Große Beschleunigung« in der Nachkriegszeit – eine in der Menschheitsgeschichte beispiellose Steigerung des Ressourcenverbrauchs, der Güterproduktion und der Schadstoffemissionen, die, wie gesehen, von der Politik jeglicher Couleur explizit gewollt war – hat *uns* erst das Wohlstandsniveau verschafft, auf dem es nun möglich ist, mit den negativen Folgen dieses Prozesses umzugehen, die technische Innovation von gestern durch die technische Innovation von heute zu korrigieren. Skurril? Zynisch? Welchen Wert, welches Gewicht man der Zukunft verleiht, ist jedenfalls komplizierter, als es auf den ersten Blick scheint.

Andererseits: Was heißt das eigentlich: »Wir werden uns daran anpassen«? Wer passt sich an was an? Wer sind die Gewinner und wer die Verlierer dieser Wette auf die Zukunft? Und kann es sein, dass »irgendwann in der Zukunft« sehr, sehr viele verlieren werden? In etlichen Fällen, die unsere Wirtschaftsweise mit sich bringt, haben wir es immerhin mit möglichen Folgen zu tun, die weitaus drastischer sein werden als die des »Restrisikos« kerntechnischer und anderer industrieller Anlagen: Niemand weiß, was wirklich geschehen wird, wenn die globale Mitteltemperatur um drei, vier oder gar fünf Grad steigt. Niemand weiß, was wirklich geschehen wird, wenn wir großflächig gentechnisch umfunktionierte Lebewesen in die Ökosphäre entlassen. Und niemand weiß, was wirklich geschehen wird, wenn wir auf Keimbahnebene versuchen, unsere eigene Evolution zu steuern. Womöglich geschieht nichts dramatisches, aber vielleicht, ganz vielleicht … Wie viel wiegt dieses »Vielleicht«? Wer hat in der Gegenwart die Kraft, diesem »Vielleicht« Gewicht zu verleihen? Wer hat die stärksten Truppen? Wer hat das meiste Geld? Wer klaut wem, wer ermöglicht wem die Zukunft? Und: Wer wird es sich in der Zukunft überhaupt noch leisten können, über die Zukunft nachzudenken?

Es stimmt, die Zukunft ist unser politisches Projekt, aber »uns« gibt es, was die Zukunft betrifft, gar nicht. Welche Zukunft soll es also sein: die des Atomkraftwerkbetreibers oder die des landlosen Landbauern, die des Börsenspekulanten

oder die des Sozialhilfeempfängers, die des Industriemagna-
ten oder die des Minenarbeiters? Zukunft wird es nicht für
alle geben und »vielleicht« für niemanden, jedenfalls nicht,
wenn die Gegenwart – die Lebensweise der jetzigen Menschen, die politischen Kämpfe der jetzigen Menschen, die
Entscheidungen der jetzigen Menschen – die Zukunft diktiert.
Denn eigentlich ist es die Gegenwart, die schwer auf der Zukunft lastet. Die Gegenwart, die einfach nicht aufhören will
zu vergehen.

10 Wir Gegenwärtige

Irgendetwas ist mit Raum und Zeit geschehen.

Wenn man heute eine längere Flugreise unternimmt, muss man nicht mehr das Bordpersonal fragen, wie lange es noch dauert, bis man ankommt, oder wo man sich gerade befindet – es gibt überall Monitore, auf denen die aktuelle Position des Flugzeugs auf seinem Weg vom Start- zum Zielort exakt angezeigt wird. Zuerst habe ich dieser Anzeige keine besondere Beachtung geschenkt – eben eine zusätzliche praktische Information –, doch irgendwann wurde mir bewusst, dass das Gefühl des Reisens, das Gefühl für den Raum, dadurch eine andere Qualität bekommt: Wenn man immer weiß, wo man sich gerade befindet, entfällt das Gefühl, für eine Weile »im Irgendwo« zu schweben, wie ich es früher bei Flügen oft gehabt habe, entfällt das Gefühl, dass sich der Raum, den man durchquert, größer anfühlt, als er tatsächlich ist. Jetzt fühlt sich dieser Raum viel kleiner an, als er tatsächlich ist, ja, die Monitore vermitteln den Eindruck, als wäre man eigentlich längst da – obwohl man ja noch unterwegs ist.

Ähnlich ergeht es uns mit der Zeit. Wer zu Beginn des einundzwanzigsten Jahrhunderts aufwächst, dem fällt es schwerer als früheren Generationen, genau zu erkennen, was Zeit eigentlich bedeutet, der lebt immer mehr in einer ständigen Gegenwart.

Zum Beispiel die Vergangenheit: Sie ist zwar nach wie vor vergangen, aber multimedial so präsent, dass es nicht einfach ist, die Zeiträume zu ermessen, die uns von vergangenen Ereignissen trennen. Wir machen frühere Epochen zu einem Fantasy-Land, spielen auf der grünen Wiese Schlachten nach und musealisieren uns im Eiltempo: die 1990er – eine gemütliche Zeit, die 1980er – ein musikalischer Witz, die 1970er – haben die Menschen damals *wirklich* so gelebt? Danach beginnt ohnehin schon die graue Vorzeit: Viele von uns können sich zwar noch eine Welt ohne Internet vorstellen, aber eine Welt ohne *Fernsehen*?

Und zum Beispiel die Zukunft: Geklonte Haustiere, Maschinenkriege, Cyborgs – das, meinen wir, könnte es durchaus in der Zukunft geben. Oder gibt es das vielleicht nicht schon? Ja, das gibt es schon. Was ist hier eigentlich noch Science-Fiction? Die hohe Schlagzahl der Veränderungen, das fast schon tägliche Veralten von eben noch bahnbrechenden Trends erzeugen das Gefühl, dass die Zukunft für uns eigentlich keine Rolle mehr spielt, dass wir längst in der Zukunft leben: Sollte sie nicht schon da sein, dann ist sie auf jeden Fall auf dem sicheren Weg zu uns – von »Dort« nach »Hier«.

Aber das alles ist natürlich eine Illusion. Wenn wir in ein Flugzeug steigen, dann werden wir Teil einer komplizierten, ressourcenverbrauchenden und vor allem äußerst fragilen Maschinerie, die uns von einem Punkt zum anderen bringen soll, und wir sind nie da, bevor wir nicht da sind – bis zur letzten Minute kann etwas geschehen, das uns wünschen lässt, wir wären nie Teil dieser Maschinerie geworden. Und dementsprechend leben wir auch nicht in »der Zukunft«, sondern wir leben in einer vergangenen Zukunft: Wir leben in einer Gegenwart, die jene, die vor uns kamen, erfunden haben. Und die Zukunft, auf die wir uns zubewegen, auf die wir zurennen, ohne, wie Lewis Carrolls Alice, wirklich vom Fleck zu kommen, wird womöglich eine ganz andere sein, als diese Gegenwart suggeriert, und sie wird womöglich weniger mit Wissenschaft und Technik zu tun haben als mit Politik und Wirtschaft. Doch die Gegenwart wirft eben einen langen Schatten auf die Zukunft, und der Schatten unserer Gegenwart ist ganz besonders lang: Zu keiner anderen Zeit der Menschheitsgeschichte wurden so viele Schulden angehäuft, zu keiner anderen Zeit wurde die Atmosphäre so aufgeheizt, zu keiner anderen Zeit wurden so viele Abfälle produziert – und all das nur, um die gegenwärtige Art zu leben möglichst lange in die Zukunft zu verschieben. Wer aber wird einmal die Schulden zurückzahlen oder sie weginflationieren, wer wird einmal die Dämme gegen das ansteigende Wasser errichten oder in den halbversunkenen Städten wohnen, wer wird einmal das Plastik aus den Meeren fischen oder den Atommüll entsorgen? Wissen Sie es? Haben Sie ein Bild von diesen zukünftigen Menschen vor Augen? Wenn man jedenfalls den Umfragen Glauben schenkt, die regelmäßig in Erfahrung bringen wollen, wie wir uns die Zukunft vorstellen, haben Sie, haben *wir* ein solches Bild nicht. Danach ist für die überwiegende Zahl der heute Lebenden die Zukunft Privatsache: berufliches Vorankommen, Familienplanung, Altersvorsorge (das alles ist ja anstrengend genug). Ein breites gesellschaftliches Zukunftsbild malen sich nur die Wenigsten aus, insbesondere, auch das sagen die Umfragen, nicht die Jungen, die ja eigentlich »die Zukunft noch vor sich haben« oder »die Zukunft sind«. Ganz im Gegenteil scheint gerade in dieser Gruppe eine Art »Zukunftsstress« vorzuherrschen: das bohrende Gefühl, ständig Weichen stellen zu müssen, um nicht den Anschluss an etwas zu verlieren, wovon man nur eine diffuse Vorstellung hat. Erwartungen laufen ins Leere, Hoffnungen haben keinen Adressaten, Unbehagen findet keine Resonanz – die Zukunft kommt, das steht fest, aber wer gestaltet, wer ermöglicht, wer bewältigt sie? Oder wie Ilija Trojanow schreibt: »Wir verbrauchen so viel wie keine Gesellschaft vor uns und empfinden doch überwiegend Krise.«

Das also ist der Befund im zweiten Jahrzehnt des einundzwanzigsten Jahrhunderts: Die Zukunft ist der Ehrengast auf unserer Gegenwartsparty, aber wir wissen nicht, was er hier eigentlich will. Und warum wir ihn überhaupt eingeladen haben. Dieser Befund ist selbst wiederum ein kritischer Aspekt des Zukunftsdiskurses: Hat die Zukunft noch eine Zukunft? Immerhin hatten die Menschen »früher« im Gegensatz zu uns wunderbar konkrete Vorstellungen von der Zukunft: die Weltrevolution, der Flug zum Mond, die sexuelle Befreiung der Frau. »Einst« wusste man ganz genau, was die Zukunft bringen würde oder bringen sollte.

Aber: *Brauchen* wir überhaupt allzu konkrete Bilder von der Zukunft? Geht es nicht auch ohne? Reicht die Gegenwart nicht aus? Das klingt wie eine recht einfach zu beantwortende Frage – selbstverständlich brauchen wir ein Bild von der Zukunft, schließlich werden unsere Kinder und Enkelkinder und deren Kinder und Enkelkinder in ihr leben, und die zahllosen Science-Fiction-Romane oder -Filme bieten ein solches Bild ebenso wie die zahllosen Studien der Zukunftsforschung. Doch wenn die Gegenwart dieses Bild so dominiert wie unsere, wenn wir uns in der Escher'schen Gedankenschleife hoffnungslos verrannt haben, dann ist es vielleicht besser, sich für eine Weile von der Zukunft abzuwenden und auf das zu blicken, was *jetzt* geschieht, in diesem Moment, nicht »vor«, sondern »neben« uns. Denn keine Gegenwart ist ein erstarrtes Bedeutungsgewebe, in das wir auf ewig verstrickt sind – jede Gegenwart produziert ständig Neues, nicht nur neue Maschinen, sondern auch neue Gedanken, aus denen irgendwann einmal neue Geschichten werden, und aus denen wiederum wird eines (nahen oder fernen) Tages eine neue große Geschichte, ein neues Narrativ der Welt und unserer Rolle darin, eine neue Art, über die Zukunft nachzudenken. Das ist, wie wir gesehen haben, schon mehrmals geschehen, und es gibt keinen Grund, warum es nicht wieder geschehen sollte.

Noch aber ist es nicht so weit. Noch sind wir »nur« in der Gegenwart, am Beginn des einundzwanzigsten Jahrhunderts. Und schon jetzt haben wir einen langen Weg hinter uns. Wir sind von »Hier« nach »Dort« gegangen, sitzen auf unserer durchglobalisierten, durchökonomisierten, durchtechnisierten Insel, die nun tatsächlich die ganze Welt ist, und stellen uns vor, wie wohl die finstere Kreatur aussieht, die wir bald erzeugen und die uns bald heimsuchen wird. Und wir denken, dass es immer so sein wird, dass wir immer auf diese Art und Weise in die Zukunft blicken werden. Aber wenn man genau hinsieht, merkt man, dass wir – wir »Kinder, denen man mathematische Begriffe erklärt« – dieser Art und Weise, in die Zukunft zu blicken, etwas müde geworden sind. Wir hatten einfach *zuviel* von dieser Zukunft.

Wir wenden den Blick von ihr ab und …

Zum Weiterlesen

Über die Zukunft ist mehr geschrieben worden, als man in einem Menschenleben lesen kann. Aber die meisten dieser Texte sind ohnehin nur noch von nostalgischem Interesse: all die Zukünfte von gestern, die uns auf Flohmärkten, in Antiquariaten und bei Wohnungsauflösungen in die Hände fallen. Kaum etwas altert schneller als die Zukunft, und sollten Sie dieses Büchlein ebenfalls auf einem Flohmarkt entdeckt haben, dann befand es sich wenigstens in guter Gesellschaft. Um mich mit dem Konzept, der Idee, der Erfindung der »Zukunft« vertraut zu machen, waren aber doch einige Bücher äußerst hilfreich, und ich empfehle sie, wenn Sie sich über diese »Einführung« hinaus mit vergangenen, gegenwärtigen und zukünftigen Zukünften beschäftigen wollen (was ich natürlich hoffe).

Bezüglich der historischen Aspekte bieten *Die Geschichte der Zukunft* von George Minois (Düsseldorf/Zürich 1998), *Die Entdeckung der Zukunft* von Lucian Hölscher (Frankfurt/M. 1999), *ÜberMorgen* von Gereon Uerz (München 2006) und *Future – A Recent History* von Lawrence R. Samuel (Austin 2009) gute Einblicke. Ein wunderbarer Schmöker ist *Visionen – Eine Chronik der Zukunft* von Angela und Karlheinz Steinmüller (Hamburg 1999). Der große Historiker Reinhart Koselleck hat in *Begriffsgeschichten* (Frankfurt/M. 2006) und *Vergangene Zukunft – Zur Semantik geschichtlicher Zeiten* (Frankfurt/M. 1979) wohl mehr zur Erforschung der Zukunft beigetragen, als ihm bewusst war. Die von Arthur Bremer herausgegebene Aufsatzsammlung *Die Welt in 100 Jahren* (Nachdruck der Ausgabe von 1910, Hildesheim 2010) habe ich in meinem Text erwähnt, aber nicht, dass es dazu inzwischen ein aktuelles Pendant gibt: *2112 – Die Welt in 100 Jahren*, herausgegeben von Ernst A. Grandits (Hildesheim 2012). Und schließlich immer noch unverzichtbar ist Ciceros klassischer Text *De divinatione*: ein erhellender und überaus unterhaltsamer Bericht zur Lage der Zukunft in vorchristlichen Zeiten.

Kann man sich mit der Zukunft überhaupt wissenschaftlich befassen? Kurz und prägnant hat sich Elmar Schüll in *Zur Wissenschaftlichkeit von Zukunftsforschung* (Tönning 2006) dazu geäußert. Weniger kurz macht es Stanislaw Lem in *Phantastik und Futurologie* (zwei Bände, Frankfurt/M. 1984), aber dafür schlägt er einen wunderbaren Bogen zu seiner eigentlichen Profession: den Zukunftsgeschichten. Ein nicht unwichtiges Detail, die »Wild Cards«, behandeln Angela und Karlheinz Steinmüller in *Ungezähmte Zukunft* (München 2003), und John L. Casti schlüsselt in *Szenarien der Zukunft* (Stuttgart 1992) akkurat auf, warum sich die Zukunft uns immer entziehen wird und trotzdem ein faszinierendes Studienobjekt bleibt. Ein ganz aktuelles Beispiel zu diesem Studienobjekt ist übrigens Nate Silvers *Die Berechnung der Zukunft* (München 2013). Aber hüten Sie sich vor dem Laplaceschen Dämon!

Wenn Sie einmal in die ganz ferne Zukunft reisen wollen, dann können Sie das mit *Der lange Zyklus* von Salomon Kroonenberg (Darmstadt 2008) und *Deep Future* von Stephen Baxter (London 2001). Wenn Sie in die nahe (ökonomische) Zukunft blicken wollen, dann geht das mit *Gekaufte Zeit* von Wolfgang Streeck (Berlin 2013). Wenn Sie die Zukunftsproblematik des menschengemachten Klimawandels in all ihren Facetten studieren wollen, dann empfehle ich *Climate Matters* von John Broome (New York 2012). Und wenn Sie wissen wollen, was eigentlich Fortschritt ist, dann kommen Sie an *Der Implex* von Dietmar Dath und Barbara Kirchner (Frankfurt/M. 2012) nicht vorbei. Mit Fortschritt, wie ihn vor allem die Science-Fiction in den Blick nimmt, befasst sich auch *Wunschmaschine Welterfindung*, herausgegeben von Brigitte Felderer (Wien 1996); und welche Rolle dabei die Science-Fiction selbst spielt, kann man in *The Mechanics of Wonder* von Gary Westfahl (Liverpool 1998) und *Pardon This Intrusion* von John Clute (Essex 2011) nachlesen. Letzterem entnehmen Sie auch, warum *Frankenstein* tatsächlich einer der wichtigsten Romane der Menschheitsgeschichte ist.

Und das sind wohl generell die empfehlenswertesten, weil reichhaltigsten Texte zum Thema Zukunft: all die Romane, Novellen und Kurzgeschichten, die ihre Leserinnen und Leser in die Zukunft versetzen und damit nicht zuletzt auf faszinierende Weise die Gegenwart erklären. Es wäre unfair, einen bestimmten Roman oder eine bestimmte Erzählung hier herauszuheben (da gäbe es natürlich einige) – begeben Sie sich einfach auf Entdeckungsreise, Sie werden sehen: die Zukunft ist unerschöpflich. Nur auf eine Geschichte möchte ich explizit hinweisen, die gar nicht in der Zukunft spielt und dennoch das über die Zukunft – über unseren Umgang mit ihr, über unseren Umgang mit unserer Vergangenheit, über unseren Umgang mit uns selbst – sagt, was das Wichtigste ist: W. G. Sebalds Roman *Austerlitz*. George Szirtes hat über Sebalds Titelhelden ein Gedicht geschrieben, dessen schönste Zeilen am Anfang dieses Textes stehen. So nämlich (denke ich) sollten wir auf und in die Zukunft blicken: wie auf Namen, die einem Traum gleichen. Namen, die wir dem, was um uns herum ist, und dem, was um uns herum sein könnte, verleihen, bevor wir es durchwandern. Wir kennen diesen Traum, wir waren schon einmal dort. Und trotzdem ist er immer wieder neu.